KNAUR

Über den Autor:
Stefan Maiwald, geboren 1971 in Braunschweig, ist Vater zweier Teenie-Töchter. Der Autor von historischen Romanen und humorvollen Sachbüchern, darunter die Bestseller »Laura, Leo, Luca und ich – wie man in einer italienischen Familie überlebt« und »Wir sind Papa! Was Väter wirklich wissen müssen«, schreibt auch Reiseführer und für Zeitschriften wie Merian, SZ-Magazin, Feinschmecker u. v. m. Er lebt mit seiner Frau und den beiden Töchtern auf der Adria-Insel Grado. Sein Blog: www.postausitalien.com

Stefan Maiwald

Chaoten-Challenge

Wie Eltern das Leben mit
Teenies meistern

Besuchen Sie uns im Internet:
www.knaur.de

Originalausgabe April 2019
Knaur Taschenbuch
© 2019 Knaur Verlag
Ein Imprint der Verlagsgruppe
Droemer Knaur GmbH & Co. KG, München
Covergestaltung: ZERO Werbeagentur, München
Coverabbildung: Francine Oomen
Satz: Adobe InDesign im Verlag
Druck und Bindung: CPI Books GmbH, Leck
ISBN 978-3-426-79042-7

2   4   5   3   1

Inhalt

Am Kleiderschrank 31

PROBLEM NR. 2:
Die Tochter entwickelt extravagante Vorstellungen von Kleidung.
Ganz in Schwarz, komplett zerrissen, etwas zu freizügig.
Oder alles zusammen.
35

Im Bad 37

PROBLEM NR. 3:
Ihr Teenager ist unglücklich mit der Haut,
der Größe, der Figur.
46

PROBLEM NR. 4:
Schminke reicht nicht mehr –
Ihr Teenager will ein Tattoo.
47

Im Wohnzimmer   49

Am Esstisch   61

In der Schule   69

PROBLEM NR. 5:
Ihr Teenager hat keine Lust mehr auf Schule.

Vor dem Display   79

PROBLEM NR. 6:
Das soziale Leben Ihres Teenagers findet nur noch
auf dem Handy statt.
86

PROBLEM NR. 7:
Ihr Teenager wird gemobbt.
90

Beim Sport   92

Mit Freundinnen   102

Es gibt drei Arten von Männern.
Die ersten lernen durch Beobachtung.
Die zweiten lernen durch Bücher.
Und die dritten müssen einfach
gegen den elektrischen Zaun pinkeln.

Vorwort

Hallo und herzlich willkommen.

Wissen Sie's noch? Damals, als Sie nachts nicht mehr durchschlafen konnten. Und der klebrige Brei überall, bloß nicht im kleinen, von verschmierten Wangen umgebenen Babymund. An die im Kindersitz eingeklemmten Finger und die zerquetschten Daumen in »mit wenigen Handgriffen« zusammenzuklappenden Joggern. Die Schnuller und Wischtücher, die sich nie an dem Ort befinden, wo man sie gerade gebrauchen kann. Die völlig zu Recht gestressten Mütter, die zu unterstützen unsere allerheiligste Aufgabe darstellte.

Herzlichen Glückwunsch: Wenn Sie dieses Buch in den Händen halten, haben Sie ja (mindestens) eine pubertierende Tochter oder einen chaotischen Sohn, also sind Sie für einen Baby-Ratgeber zu spät dran.

Sie und ich, wir haben es durch die erste Phase der Vaterschaft geschafft. Die Kindheitsphase, die nach der Babyphase kommt, ist Kinderkram. Die Welt ist rosarot, wie Sie sich vielleicht wehmütig erinnern, manchen erscheint sie auch hellblau. Die Kinder sind tagelang mit einem Puzzle oder dem Ausmalen einer Disney-Prinzessin beschäftigt, und Papi ist der klügste und stärkste Mann der Welt.

Die Pubertät – das ist die dritte Phase. Da wir durch Phase eins gut durchgekommen sind und da Phase zwei kein Buch braucht, weil alles so lächerlich leicht ist, fühle ich mich geehrt, einen Wegweiser durch die dritte und echt schwere, ja schwierigste Phase der Vaterschaft zu schreiben. Ich verspreche Ihnen: Windeln müssen Sie keine mehr wechseln. Aber die schlaflosen Nächte: Die bleiben Ihnen erhalten.

Doch jetzt zu Ihnen und zu dem Chaoten oder der Chaotin Ihres Herzens. Oder haben Sie gleich mehrere davon, so wie ich? Sie haben es bestimmt gemerkt: Die Tochter ist größer geworden. Beängstigend groß. Sie hängt sich Poster von unbekannten Popstars ins Zimmer und experimentiert mit Mamas Nagellack. Und dem Lippenstift. Freundinnen übernachten bei ihr, bis vier Uhr nachts wird gekichert, und ganz sicher geht es dabei nicht um Papas superlustige Witze. Chris Hemsworths Sixpack im Abendprogramm bleibt nicht unkommentiert. Und schon längst hat sie aufgehört zu glauben, Papa könne es geistig wie körperlich mit jedem anderen Mann auf der Welt aufnehmen.

Wie geht ein Vater damit um? Eben noch konnte sie gar nicht genug schmusen, nun schlägt sie empört die Tür zu, wenn man sich aus Versehen ihrem Zimmer auch nur auf zehn Meter nähert. Und auch die heranwachsenden Jungen setzen uns Grenzen.

Du willst mit ihm kuscheln, und er schüttelt sich angewidert.

Du willst mit ihr in die Stadt fahren, und sie hat schon andere Pläne.

Du willst mit ihm reden, und er setzt die Kopfhörer auf.

Es ist eine harte Zeit.

Aber wir werden sie gemeinsam meistern.

Versprochen.

Warum sollten Sie ausgerechnet auf mich hören?

Soweit ich das bis jetzt überblicke, ist bei unseren Töchtern und auch überall in der näheren Umgebung alles bislang recht gut gegangen, und bevor das jetzt ein bisschen arrogant klingt, was es zugegebenermaßen tut, muss ich es gleich relativieren: Das ist nicht mein Verdienst, schon gar nicht als Genspender. Denn ich selbst war ein nervender, widersprechender und von meinem Vater Zigaretten klauender Jugendlicher, der zwar schulisch nie Probleme hatte, aber zu Hause ein faules Stück war – so faul, dass mir noch heute Schauer über den Rücken laufen, mit welchen dubiosen Strategien ich mich vor jeglicher Hausarbeit gedrückt habe.

Es hilft auch, dass ich den Blick auf zwei Kulturen habe. Und ich kenne kein deutsches Ehepaar mit pubertierenden Kindern, das mich nach zwei Wochen in Italien nicht irgendwann beiseitezieht und mich fragt: »Sag mal, wie macht ihr das?« Jeder Italienurlauber hat wohl schon einmal gemerkt, wie friedlich, vernünftig und wohlerzogen die dortigen Kinder und Jugendlichen am Tisch sitzen. Ohne dass man ihnen ein iPad vor die Nase knallen und Kopfhörer aufsetzen muss. Ältere werden gegrüßt, man sagt Danke und Bitte. Klar, es gibt Ausnahmen. Aber nicht sehr viele.

Der verhältnismäßig entspannte Verlauf der italienischen Pubertät liegt an dieser einmaligen italienischen Melange von Großfamilie, Gelassenheit und genereller sozialer Bindungsstärke, von der wir uns einiges abschauen sollten.

Das wird eines der Leitmotive dieses Buches sein, und es folgen immer wieder Tipps und Kniffe, wie man dieses mediterrane Lebensgefühl auf die deutsche Wirklichkeit übertragen kann.

Natürlich, es wird chaotisch. Jedenfalls chaotischer als das alljährliche Weihnachtssingspiel in der Grundschule, das Ihnen nun glücklicherweise nicht mehr droht. Auch chaotischer als die abendlichen Mensch-ärgere-dich-nicht-Partien, in denen das Heftigste, was passieren konnte, wütend vom Tisch gewischte Spielfiguren waren.

Aber wie chaotisch es wirklich wird, hängt ganz wesentlich auch von Ihnen ab.

Ich kann Ihnen keine Pille verschreiben und keinen klugen Satz mitgeben, der Sie in allen schwierigen Situationen erhellt. Ich kann Ihnen nur etwas von dem Gefühl vermitteln, mit dem man hier in Italien diese Sache mit der Pubertät angeht. Und ich bin mir ziemlich sicher, dass Ihnen das bei dem einen oder anderen Problem weiterhelfen könnte. Außerdem hoffe ich, dass Sie gut unterhalten werden und am Ende der Lektüre alles von der etwas sonnigeren Seite sehen.

Denn Pubertierende haben, wie Hunde oder Katzen, einen sechsten Sinn. Sie spüren die Aufregung, riechen die Panik. Wenn Sie also nach der ersten schlechten Note und dem ersten Widerwort gleich denken, *Oha, jetzt geht der Ärger mit der Pubertät los*, wenn Sie gar anfangen, sich Ratgeberbücher von Menschen mit mehreren Doktortiteln zuzulegen und verstohlen die Nummer einer Beratungsstelle in der Nähe zu googeln, dann haben Sie – und die ganze Familie – schon verloren.

Gehen Sie es entspannt an.

Ein Hinweis zum Gebrauch dieses Buches

Lesen hilft – immer! Am besten lesen Sie also dieses Buch von vorn bis hinten durch, und wenn Sie möchten, dann schreiben Sie mir gern, wie es Ihnen gefallen hat stefan.maiwald@golf-journal.de. Bei der Lektüre werden Sie erleben, dass ich es mag, ein paar Geschichten vom Wegesrand mitzunehmen, die auf den ersten Blick etwas abseitig scheinen, aber eben doch das eine oder andere besagen. Wer knallharte Tipps und konkrete Lösungsvorschläge auf wenigen Zeilen sucht, findet an passender Stelle die **elf häufigsten Probleme mit Teenie-Chaoten** und dazu konkrete Lösungsvorschläge von ausgewiesenen Experten sowie von mir. Wer sich dazu noch gern treiben lässt und die Blumen links und rechts des Pfades genießt, findet ebenfalls ein paar Geschichten.

Genießen Sie dieses Buch, und genießen Sie die Zeit der Pubertät, so schwer es Ihnen möglicherweise gerade in diesem Moment fallen mag. Denn auch diese Zeit, mit all ihren aufreibenden Problemen und Streitigkeiten, ist etwas, was in Ihrem Leben nie wiederkommen wird.

Zum Glück, denken Sie vielleicht gerade.

Väter sind wichtig!

Es muss gleich zu Anfang deutlich gesagt werden, weil es für viele keine Selbstverständlichkeit ist: Väter sind wichtig, und das ist längst wissenschaftlich erwiesen. Das Feld der Väterforschung ist, zumindest hierzulande, extrem jung, laut »Deutschem Ärzteblatt« gerade einmal dreißig Jahre alt. In den USA wird schon länger systematische Forschungsarbeit in diese

Richtung betrieben, während man sich in Deutschland nur für die Mutter-Kind-Bindung interessierte, was sich, wie Kritiker meinen, auch in der Ausbildung der Psychotherapeuten und der sozialen Berufe sowie nicht zuletzt der als Gerichtsgutachter tätigen Psychologen niedergeschlagen habe. Dies, so dieselben Kritiker, führe dazu, dass Väter bei Sorgerechtsprozessen grundsätzlich benachteiligt werden und dass auch Jugendämter im Falle einer Scheidung gern zum »clear cut« raten, dass eine Abspaltung des Vaters für die Kinder am besten sei, damit »Ruhe einkehre«.

Entwicklungspsychologen wissen inzwischen, dass ein Vater bereits im Lauf des ersten Lebensjahrs wichtig ist. Besonders wichtig ist er für »die notwendige Umstrukturierung der frühen Mutter-Kind-Dyade«. Klingt irre, oder? Wir sind eine alternative Bezugsperson und werden gebraucht, weil wir Mutter und Kind helfen, einander loszulassen. Diese Dreiecksbildung, die schon ab der Geburt einsetzt, ist für jeden Menschen extrem wichtig. Nur eines noch, bevor wir die Säuglingsphase überspringen: Möglicherweise sind Väter für die frühkindliche Sprachentwicklung wichtiger als die Mütter – weil sie weniger reden. Einer US-Studie zufolge überfordern Frauen ihre Kinder in den ersten Jahren mit zu vielen Wörtern. Das kann nur heißen, dass aus den Söhnen und Töchtern von großen Schweigern wie Sylvester Stallone, Clint Eastwood oder Chuck Norris einmal Nobelpreisträger werden. Freuen wir uns drauf!

Der Vater ist auch während der Pubertät als Identifikationsfigur unverzichtbar. Psychologen sagen: Durch sein Vorbild verhilft er den Kindern, Jungen wie Mädchen gleichermaßen, zu einer stabilen Identität. Der Vater wird eine moralische Instanz, die dem Kind bei der Konfrontation mit der Außenwelt helfe. Während der Pubertät durchlaufen die Jugendlichen einige Identitätskrisen. Diese Phase habe unter anderem wesentlichen Einfluss auf die Beziehungen, die sie später als Erwachsener aufbauen. In der Familienforschung weiß man heute, dass diese spezifischen Vaterfunktionen durch die Mutter allein nicht ersetzbar und durch soziale Ersatzväter nur bedingt zu kompensieren sind.

Auf Deutsch: Ohne Vater ist genauso schlimm wie ohne Mutter. Es scheint, dass männliche Verwandte oder neue Partner den leiblichen Vater nicht oder nur teilweise ersetzen können. Auch bei Adoptionen und Stiefvater-Familien gehe es Kindern am besten, wenn sie eine gute Beziehung zum eigenen Vater haben. Psychologen sagen weiter, der fordernde, väterliche Einfluss sei wichtig für die Stressresistenz des Kindes. Generell gingen Väter anders mit ihrem Nachwuchs um als Mütter, und das während der gesamten Phase von Kindheit und Jugend. Die männliche Position sei eher eine fordernde, während die Frau klassischerweise die behütende Rolle einnähme.

Weitere Studien zeigen: Väter sind ganz erheblich für die Selbstkompetenz ihrer Kinder verantwortlich. Der Begriff meint die Fähigkeit und Bereitschaft, eigenständig und verantwortlich zu handeln und das Handeln anderer zu reflektieren. Die reine Begabung eines Kindes reicht nicht aus, um im Leben Erfolg zu haben. Vielmehr ist die Stärkung der Selbstkompetenz wichtig, um Talente zu wecken. Kinder müssten sich verstanden fühlen, um ihre Selbstkompetenz zu steigern, und Bezugspersonen müssten die Ermutigung von außen bringen. Die Bezugspersonen müssten das Kind motivieren, etwas Neues auszuprobieren und mutig zu sein. Hier ist der Vater ein bestimmender Faktor. Eine Studie deutet sogar auf einen Zusammenhang zwischen der persönlichen Bindung zu den Elternteilen und dem Intelligenzquotienten hin.

Eine neue Gemeinschaftsstudie der Emory University in Atlanta sowie der University of Arizona lässt übrigens darauf schließen, dass Väter von Töchtern bessere Väter sind: Sie sind empathischer, aufmerksamer, sprechen häufiger mit ihnen, streicheln sie häufiger und singen mehr mit ihnen, während das Verhältnis zu den Söhnen deutlich distanzierter und kühler ist. Zweiundfünfzig Väter mit zweiundzwanzig Söhnen und dreißig Töchtern ließen sich für die Studie über Monate mit Kameras daheim beobachten. Auch an den Hirnströmen ließen sich massive Unterschiede feststellen.

Nun wissen Sie, was Sie schon immer geahnt haben: dass Sie richtig, richtig wichtig sind. Exakt genauso wichtig wie die Mutter. Und wie sagte schon der große Philosoph Spiderman? »Aus großer Macht erwächst große Verantwortung.« Nutzen Sie sie!

Auf ins Abenteuer!

*Hier lernen Sie die ältere Tochter,
die jüngere Tochter und einen bedauernswerten
Truthahn kennen.*

Eine kurze Vorstellung der handelnden Personen

Es ist vielleicht hilfreich, dass Sie zunächst etwas über die beiden Protagonistinnen dieses Buches wissen. Die ältere meiner beiden Töchter ist sechzehn, recht groß für ihr Alter und ziemlich blond für eine Halbitalienerin. Sie ist etwas schüchtern und verträumt und mit Harry Potter aufgewachsen, der ihr immer noch sehr am Herzen liegt. Eigentlich findet sie, sie müsse in Hogwarts zur Schule gehen. Sie legt keinen großen Wert auf moderne Kleidung, sondern zieht sich zurück in die Welten, die J. K. Rowling und Rick Riordan und neuerdings, worauf ich ein bisschen stolz bin, Sir Arthur Conan Doyle erschaffen haben. Lesen, Sie ahnen es, ist eine gute Sache. Die Uni Padua befragte sechstausend Erwachsene in neun verschiedenen Ländern und unterteilte die Befragten sowohl nach Leseverhalten in ihrer Kindheit als auch nach Schulbildung. Heraus kam, dass mit zusätzlicher Schulbildung über die Pflichtschulzeit der Verdienst um etwa fünf Prozent bei denjenigen wuchs, die mit wenigen Büchern aufgewachsen waren. Berufstätige, die als Kinder viele Bücher lasen, verdienten dagegen als Erwachsene einundzwanzig Prozent mehr. Angesichts der trostlosen Lage der italienischen Rentenkassen muss ich aus ganz egoistischen Gründen auf diese Statistik hoffen.

Die Jüngere ist dreizehn, recht klein für ihr Alter und ein zähes, sportliches Mädchen, die am liebsten Fußballspielerin werden würde. Ich weiß, *Mädchen* ist sächlich, und es müsste eigentlich heißen, »*das* am liebsten Fußballspielerin werden würde«, aber was wäre ich für ein Rabenvater, dass ich meine Töchter zu sächlichen Angelegenheiten degradiere, Grammatik hin oder her? Die Jüngere hat einen Schuss, der selbst den dreizehnjährigen Michael Ballack staunen ließe, und ihre Technik ist besser als die ihrer männlichen Schulkameraden, die drei Mal die Woche in unserem örtlichen Verein Gradese Calcio trainieren.

Was die Rentenkasse und eine mögliche lukrative sportliche Karriere angeht, so ist Frauenfußball in Italien leider nicht existent, zumindest nicht auf kleineren Dörfern. Und eigentlich auch nicht in kleineren Städten. Was für eine Vergeudung von Talent!

Bedenken Sie die Truthahn-Theorie

Ich will niemanden beunruhigen, denn dieses Buch soll das genaue Gegenteil all jener hyperaufgeregten Befindlichkeits-Guides sein. Aber eines sollten Sie wissen: Nur weil Ihre Töchter bis zum zehnten Lebensjahr absolut goldige, knuffige, bezaubernde Schätze waren, heißt es nicht, dass sie nicht genauso infolge pubertärer Hormonschübe in die Schieflage geraten können wie die Fünfzehnjährige aus dem Haus gegenüber mit dem pinken Haar, dem Zungenpiercing und der schnellen Zigarette um sechs Uhr fünfzig morgens, bevor der Schulbus abfährt (immerhin nimmt sie den noch).

Nassim Nicholas Taleb, ein New Yorker Professor für Risikoforschung, beschrieb die Truthahn-Theorie. Der Truthahn bekommt das ganze Jahr über wunderbares Essen und wird gehegt und gepflegt, sein Wohlbefinden steigt von Tag zu Tag, er glaubt sich beim Farmer in besten Händen – und dann, am Tag vor Thanksgiving: zack, Kopf ab. Das Federvieh kommt vom bestmöglichen in den schlechtestmöglichen Zustand. Taleb behauptet nun, dass zum Beispiel Aktienmärkte so funktionieren, aber auch die menschliche Geschichte. Wer hundert Tage lang Gewinn gemacht hat, kann nicht davon ausgehen, dass er am hundertundersten Tag ebenfalls Gewinn macht. Und noch im Frühjahr 1914, in einer Zeit relativen Friedens und ökonomischen Wohlstands, hätte niemand geglaubt, dass nur wenige Wochen später ein vier Jahre andauernder Weltenbrand ausgelöst würde. Nur weil es in der Vergangenheit bergauf ging, ist das noch längst keine Wette auf die Zukunft, sondern es folgt unweigerlich ein tiefer Fall. Jede Prognose, die auf vergangenen Daten basiert, ist daher nichtssagend.

Im Gegenteil: Manchmal scheint es sogar schädlich, die Vergangenheit allzu gut zu kennen, um die Zukunft einigermaßen verlässlich einzuschätzen. Auch E. J. Smith musste das erleben. »Ich fahre seit vierzig Jahren zur See«, schrieb der erfahrene Kapitän. »Ich habe nie ein Schiff untergehen sehen. Ich bin nie in Seenot geraten. Ich habe niemals irgendeine auch nur entfernt gefährliche Situation erlebt.« Kurz danach übernahm er das Kommando auf der Titanic.

Niemand von Ihnen soll die Titanic sein, und niemand der Eisberg. Stellen Sie sich trotzdem auf ein paar unvorhergesehene, chaotische Manöver ein.

Anzeichen, dass Ihr Teenie in die Pubertät kommt

Selbst wenn Sie als Vater etwas unkonzentriert sind und Veränderungen erst dann wahrnehmen, wenn diese Sie mit einer gusseisernen Pfanne auf den Fuß hauen, sollten Sie doch auf folgende Punkte achten, die deutlich machen könnten, dass Sie dieses Buch brauchen:

- Ihre Tochter malt die i-Punkte nicht mehr als Herzen.
- Ihre Tochter fragt kurz vor dem Gang zum Schulbus nicht mehr nach dem Pausenbrot, sondern nach der Haarbürste.
- Ihr Sohn trägt den Schulranzen nicht ergonomisch korrekt, sondern in den Kniekehlen. Das ist nämlich gerade angesagt.
- Ihr Sohn malt allerlei komische Zeichen auf sein Schuletui, die Sie nicht mehr deuten können.
- Ihre Tochter besteht auf einem Netflix-Abonnement.
- Zimmertüren, die sonst immer offen standen, sind inzwischen mehrfach verriegelt und zusätzlich mit Selbstschussanlagen versehen.
- Ihr Sohn erkennt die Musik aus dem Autoradio eher als Sie.
- Ihre Tochter erklärt Ihnen, dass und warum auf dem Handy ein »Update wegen Sicherheitslücken« fällig ist. Auch diese Sache mit den neuen, sich bewegenden Emojis hat sie eher installiert als Sie.
- Das monatliche Datenvolumen Ihrer Tochter ist schneller aufgebraucht als ihr Lipgloss.
- Ihre Tochter beginnt, sich für Fußball zu interessieren. Zum Beispiel dann, wenn Cristiano Ronaldo spielt.

Wenn alles ins Rutschen gerät

Gestern war es noch Peppa Pig, heute ist es Selena Gomez. Und dabei waren Sie doch nur kurz am Kühlschrank! Die Kleinen werden schnell groß, und Sie sollten von dieser Entwicklung nicht überrascht werden. Sie müssen stattdessen gewappnet sein. Denn all das, was bislang geschah, war ein echter Kindergeburtstag. Wie die Kindergeburtstage mit der ganzen Klasse. Die Grundschule mit ihren niedlichen Theateraufführungen. Die Spieleabende mit drei Generationen. Der nicht zu schmälernde Enthusiasmus für alles Personal, das aus Entenhausen kommt (und was ist falsch daran?): All das ist praktisch von einem Tag auf den anderen vorbei. Seien Sie gewarnt. »Kleine Kinder, kleine Probleme – große Kinder, große Probleme«, sagt ein italienisches Sprichwort. (Ein weiteres italienisches Sprichwort besagt: »Wenn sie klein sind, willst du sie vor lauter Liebe am liebsten verschlingen. Wenn sie groß sind, bereust du, es nicht getan zu haben.«)

Weil Pubertät ein fließender Übergang ist, kann man nicht genau sagen: Oh, schau, jetzt ist es so weit. Es wird kein Schalter umgelegt, und plötzlich ist alles ganz anders. Ich habe jedoch bei beiden Töchtern zwei Indizien festgestellt, die Ihnen sehr deutlich signalisieren, dass da was im Busch ist: Erstens hängen sie sich zum ersten Mal irgendwelche Sänger an die Wände – in anderen Kinderzimmern sind es Sängerinnen. Zweitens kannst du ihnen nicht mehr bei den Matheaufgaben helfen.

Bei der Älteren war es besonders bitter, dass beide Ereignisse just auf denselben Tag fielen. Oben hing auf einmal One Direction (eine englische Band, die in einer TV-Show gecastet wurde, nach dem üblichen Schema – der Lausbub, der Rebell, der Nerd etc.) – unten mussten Potenzrechnungen gekürzt werden.

Da war ich aus dem Spiel und rief mit heiserer Stimme nach meiner Frau. Erschwerend mag hinzukommen, dass ich in Mathe nie eine Leuchte war, worauf ich nicht besonders stolz bin, denn mein Mathelehrer warf mir regelmäßig das folgende Galilei-Zitat vor jene Füße, welche meinen unverständigen Kopf widerwillig in den Unterricht getragen hatten: »Wer die Mathematik versteht, hat die Welt verstanden.«

Bei der Jüngeren ist die Sache ein wenig verwässert, da sie natürlich die ältere Schwester imitieren will. Außerdem ist sie extrem gut in Mathe und verbittet sich jede Hilfe von mir, was ihrer Gesamtnote nur guttun kann. Aber Poster hängen schon überall. Und zwar keine Welpenbabys oder Katzenkinder, die in einem Wäschekorb kuscheln. Sie steht auf Ross Lynch, ein ganz schauderhafter Sänger, aber dieses Urteil behalte ich um des Familienfriedens willen für mich. Kein Zweifel, auch sie navigiert schlingernd, aber unaufhaltsam in Richtung Erwachsenendasein.

Teenager – woher kommt eigentlich dieses Wort?

Der Ausdruck ist uns vertraut, doch erst seit zwei Generationen ist er Alltagsgebrauch. »Teen-ager« ist ja ein wirklich hübsches Wortspiel, das alle Jugendlichen im Alter von Thir-teen bis Nine-teen vereint. Und »Jugendlicher« ist laut deutschem Gesetz jede(r) zwischen vierzehn und achtzehn. Also nah dran! Welcher kreative Kopf hat's erfunden?

Das ist leider nicht mehr herauszubekommen. Das Wort »pre-teen« ist laut Oxford Dictionary erstmals 1925 nachzuweisen, das Wort »tween-teens« (Tween als Abkürzung für »between«, dazwischen – also zwischen Kindheit und Erwachsenenalter) taucht erstmals in einem Artikel über Körperpflege im Jahr 1941 auf. Der erste echte Nachweis des Wortes »teenager«, damals noch mit dem Bindestrich, welcher sich lange halten sollte, stammt aus einer Reportage des »Life Magazine« aus dem Jahr 1944. »Teen-Age Girls: They Live in a Wonderful World of Their Own« war das faszinierende Foto-Essay überschrieben, in dem es unter anderem hieß: »Es gibt eine Zeit im Leben jedes amerikanischen Mädchens, wo es das Allerwichtigste zu sein scheint, Teil einer Gruppe anderer Mädchen zu sein und genauso zu sprechen und sich zu kleiden wie sie. Das ist das Teen-Alter. Rund sechs Millionen Teen-Age-Mädchen leben in einer Welt ganz für sich – eine hübsche, fröhliche, enthusiastische, lustige und gesegnete Gemeinschaft, nahezu unbeeindruckt vom Krieg. Es ist die Welt von Pullovern und Röcken und kurzen Strümpfen und Slippern, von langem Haar und Brillenfassungen, die mit Nagellack rot bemalt werden, von Highschool-Jungs, die noch nicht in den Krieg müssen. Es ist eine Welt, die noch ihren Eltern gehört, mit denen sie sich gut verstehen, auch wenn diese dauernd am Telefon hängen (Anm. des Autors: !!!). Es ist die Welt von Vergils ›Aeneis‹, vom zweiten Jahr Französisch und Geometrie, von Schultheateraufführungen und Feldhockey, die Welt von Pyjama-Partys und der Hitparade, von Erdnussbutter und Popcorn.«

Klingt bezaubernd, oder? Sofort ist man bei »Grease« oder einem anderen Forties- und Fifties-Film. Bill Bryson beschreibt diese Unbekümmertheit wunderbar in seinem Buch »Mein Amerika«. Und das Foto-Essay von »Life« lässt sich googeln.

Bill Haley (»Rock Around the Clock«) sprach auf seiner Europatournee 1957 das Publikum mit »Teenagers« an, was laut »Daily Mail« den endgültigen Durchbruch des Wortes bedeutete.

Interessanterweise wird in der englischen Umgangssprache der Begriff Teenager meist auf Mädchen angewandt; bis in die Siebziger- und Achtzigerjahre hinein hießen Teenager im deutschen Sprachgebrauch »Backfisch«. Die Herkunft des Wortes ist rätselhaft. Erklärung eins: Es scheint sich in der Studentensprache aus einer Scherzübersetzung von »Baccalaureus«, dem untersten akademischen Grad, herausgebildet zu haben, ähnlich einem Lehrling, der »frischgebacken« ins Berufsleben einsteigt. Erklärung zwei: Es stammt tatsächlich aus der Küchensprache. Kleine Fische, die nicht zum Kochen oder Braten taugten, wurden im Teigmantel gebacken. Erklärung drei: Im englischen Anglerjargon ist ein »backfish« ein Fisch, der noch nicht groß genug ist und deswegen zurück (»back« oder »Backboard«) ins Wasser geworfen wird. (Allerdings taucht in englischen Wörterbüchern der »backfish« nur als Übersetzung des deutschen »Backfisch« auf. Verwirrend!)

In jedem Fall benutzte schon Goethe im späten 18. Jahrhundert den Backfisch, zu einer Zeit also, als die englische Sprache noch sehr selten zu umgangssprachlichen Ausdrücken herangezogen wurde. Daher ist die lateinisch-studentische Erklärung am wahrscheinlichsten.

Im Kinderzimmer

*Der erste echte Rückzugsort –
bitte nur mit Anklopfen betreten!*

Merkwürdige Mitteilungen an der Tür

Dies war die erste deutliche Änderung im Verhalten unserer Töchter – und es war eine Änderung, die in Italien vielleicht umso drastischer bemerkt wurde, weil man ja dauernd aufeinanderhängt: Unsere Kinder nahmen ihre Kinderzimmer in Beschlag.

Bis zu ihrem elften Lebensjahr war es nämlich so, dass sich das gesamte Leben unserer Familie im großen Wohnzimmer abspielte. Hier wurde gegessen und gespielt, gelesen und gelernt, selbst die Siesta abgehalten. Es störte nicht, wenn dabei eine dieser unsäglichen italienischen oder südamerikanischen Soap Operas lief. Die Kinderzimmer dienten lediglich als Ablage für unvollständige Brettspiele, Kuscheltiere sowie Winter- oder Strandklamotten.

Doch damit war es nun vorbei, sogar Aufkleber mit »Betreten verboten«-Losungen kamen an die Tür, wenn auch mit dem süßen Zusatz: »Familienmitgliedern ist der Zugang gestattet«. Immerhin.

Es ist völlig in Ordnung und überhaupt kein Grund zur Sorge, wenn dies auch bei Ihnen passiert. Die gemeinsamen Sofazeiten erledigen sich halt irgendwann. Das ist ein bisschen traurig, aber das erste echte eigene Territorium ist ein wichtiger Schritt in Richtung Erwachsenendasein. Und im Gegensatz zu den meisten Autoren würde ich Ihnen raten, diesen Rückzugsort weitgehend unberührt zu lassen. Das haben sich die Teenies einfach verdient.

PROBLEM NR. 1:
Das Zimmer ist ein Chaos.

Das Kondensat des Buchtitels – hier wird die Chaoten-Challenge konkret und sichtbar. Und zu einer wirklichen Herausforderung. Die Expertinnen Petra Stamer-Brandt und Monika Murphy-Witt schreiben in ihrem Buch »Das kleine Erziehungs-ABC«, dass Ordnung für Klarheit und Übersichtlichkeit auch im Kopf sorgt. Sie fordern, das Aufräumen mit den Kindern regelrecht zu trainieren und konsequent zu bleiben. Eltern sollten nicht betteln, sondern knallhart sein: »Zur Not sagen Sie, dass Sie eine Kiste oder einen Sack holen, alles, was herumliegt, dort hineinräumen und für ein paar Tage in den Keller oder auf den Dachboden bringen. Wahrscheinlich fängt Ihr Kind schnell an, aufzuräumen. Falls nicht, sollten Sie diese Aktion unbedingt durchziehen. Sie müssen es sicher nur einmal tun …«
Abgesehen davon, dass ich den Zusammenhang zwischen Ordnung im Kinderzimmer und Ordnung im Kopf bezweifle, halte ich Unordentlichkeit generell für eine eher geringe Sache, sofern nur das eigene Zimmer betroffen ist und keine Gesundheitsgefährdung durch langsam verfaulende Pizzaachteln auftritt. Ich würde diesbezüglich kein großes Fass aufmachen, jedenfalls nicht, solange das Chaos örtlich begrenzt bleibt.

Am Kleiderschrank

Zwei Kubikmeter bieten viel Platz
für epische Dramen

Ihre neue Tochter – oder ist Ihr Sohn neu?

Machen wir es kurz: Die Mode, die Teenies gefällt, wird Ihnen nicht gefallen. Es kann gar nicht anders sein. Denn Mode ist Provokation, ist Distinktionsmerkmal. Ihr Chaot will ja genau zeigen, dass er nun eine eigenständige Person ist, die nicht mehr von den Eltern angekleidet wird.

Beim Schreiben dieser Zeilen sitzt mir meine ältere Tochter in einem drei Nummern zu großen Kapuzenpullover gegenüber. Tatsächlich sagt heutzutage niemand mehr »Kapuzenpullover«. Diese Dinger heißen jetzt Hoodies, was ja auch viel modischer klingt. Die Hose ist extrem kurz, jedenfalls nicht mehr die bequemen Shorts von einst. Die Chucks, diese ausgetretenen Turnschuhe, waren ja schon zu unserer Jugend kurz mal modern, sie sind etwas Vertrautes. T-Shirts mit merkwürdigen Slogans und Ikonografie, deren Sinn wir nur mit Mühe begreifen, gehören ebenfalls dazu, und die hübschen blonden Haare hat sie sich vor vier Wochen ziemlich kurz schneiden lassen.

Solange Piercings und Tattoos noch nicht auf dem Wunschzettel stehen, ist alles gut, und ich rate zu Toleranz. Die hat natürlich ihre Grenzen, aber hier kommt es aufs Fingerspitzengefühl an. Es gilt, zwischen dem Alter der Tochter und der Extravaganz des Outfits abzuwägen. Einer Vierzehnjährigen sollte (übrigens auch vonseiten des Gesetzgebers!) weniger durchgewunken werden als einer Siebzehnjährigen. Naseweis, wie die

Kleinen sind, haben sie sogar für uns noch Ratschläge übrig. Denn sie schämen sich für uns in dem Maß, wie wir uns für sie schämen.

Der »Dadcore«:
So gehe ich mit dir nicht aus dem Haus

Immerhin haben unsere kaum wiederzuerkennenden Töchter noch die Kraft, uns Väter zu kritisieren: »Nein, Papa, das geht nun wirklich nicht.« Diesen Satz meiner ältesten Tochter kannte ich bislang tatsächlich nicht. Was hatte ich getan? Ich hatte meine Hosenbeine umgeschlagen, weil die Hose für die Winterstiefel etwas zu lang war. Nun ist mir klar, dass man das zumindest seit circa 2015 nicht mehr tut, doch Modetipps von pubertierenden Töchtern waren etwas ganz Neues für mich, dabei hielt ich mich immer für recht gut angezogen, was als Journalist auch nicht allzu schwierig ist. In diesem Berufsstand gilt man ja schon mit gebügeltem Hemd als Snob. Zudem ist meine italienische Schwiegermutter mein »Personal Shopper« (so definiert sie sich selbst auf ihrem WhatsApp-Profil).

Aber halt: Vielleicht sind wir Papas die wahren Trendsetter? Während Pubertierende grundsätzlich cooler sind als Erwachsene in ihren Mittvierzigern, haben möglicherweise dieses Mal wir alten Säcke die Nase vorn. »Dadcore« heißt der Modestil aller Väter, die aufhören, auf Modestile zu achten, mit praktischer, bequemer, gern schon etwas abgenutzter Kleidung. »Und dieser Trend scheint alle anderen Trends auszustechen«, vermutet der britische »Guardian«. Dadcore-Ikonen sind Ethan Hawke und vor allem Barack Obama mit seinen bequemen Jeans, die dementsprechend »Dad Jeans« heißen.

Nicht Hardcore, sondern Dadcore: Wir Väter sind die Trend-setter – aber erklären Sie das mal Ihrer Tochter. Und Söhne sind entsprechend peinlich berührt, wenn beim gemeinsamen Einkauf keine Gemeinsamkeiten mehr zu finden sind. Zum ersten Mal kam der Dadcore in der Verfilmung von Nick Horn-bys »High Fidelity« vor, als Barry Rob beschuldigt, den häss-lichsten Pullover aller Zeiten zu tragen, einen »Cosby-Pullover. EINEN COSBY-PULLOVER!«. Nun gut, jetzt, siebzehn Jahre später und mit all den Anschuldigungen gegen Bill Cosby, ist das eine ganz andere Art der Beleidigung, aber Sie wissen, auf was ich hinauswill. Auch Carltons Kleidungsstil vom »Prinz von Bel-Air« wurde als frühe Form von Dadcore identifiziert: Carlton ist ein Mann, dem es nichts ausmacht, was er eigentlich trägt und wie die Farben zusammenpassen. Aktuell zeigen die Väter in sämtlichen Teenie-Serien klassische Dadcore-Looks.

Modemagazine widmen sich diesem neuen Trend, auch Blogger berichten fleißig, und sogar Modedesigner entdecken den Dadcore. J. W. Anderson schneidert wieder schöne weite Jeans, und es gibt auch »Mom Jeans« – ebenfalls weit geschnit-ten, um sich dem Diktat der perfekten Silhouette zu entziehen, aber das soll hier nicht unsere Baustelle sein.

Endgültig geadelt wird Dadcore nun von Levi's, denn die Jeansfirma bringt wieder das legendäre weite Modell 505 auf den Markt, das einst die Cover des Stones-Albums »Sticky Fin-gers« und die erste Ramones-Platte zierte. Chefdesigner Jona-than Cheung gibt zu: »Die Jeans ist ein bisschen Dadcore.« Ver-mutlich wird Dadcore jener Trend sein, der unsere ganze Epo-che definiert. Wenn in hundert Jahren holografierte Spielfilme gezeigt werden, die im Jahr 2019 spielen, werden die Charakte-re weite Jeans und nachlässig in den Bund gesteckte Flanell-hemden über weißen T-Shirts tragen. Leider wird es uns versagt sein, diesen späten Triumph unseres Geschmacks über jenen unserer Töchter und Söhne noch mitzuerleben.

Modetipps für Teenie-Kids kann ich Ihnen nicht auf den Weg geben, aber den Dadcore können Sie und ich ganz einfach mit ein paar Kniffen anwenden:

- Die Jeans müssen weit geschnitten und bequem sein. Bundfalten sind erlaubt. Sie dürfen auf gar keinen Fall absichtliche Abnutzspuren oder Löcher haben, sondern nur echte Abnutzspuren oder Löcher. Und egal, welche Farbe: Hauptsache, die Jeans sind blau.
- T-Shirts oder Polos dürfen in den Hosenbund gestopft werden.
- Hemden sollten grob kariert sein, zudem gern kurzärmlig, weil das dynamisch und zupackend wirkt.
- Farben sollten so aufeinander abgestimmt sein, dass es auf keinen Fall so wirkt, als hätte man sich am Morgen darüber Gedanken gemacht.
- Ein praktischer, leicht zu pflegender Kurzhaarschnitt ist Pflicht.
- Allzu bunte Socken sind verdächtig, lustige Krawatten definitiv grenzwertig, denn auch ein Dadcore-Dad hat seinen Stolz.

Dadcore können meine Töchter zur Not noch ertragen. Es gibt ja noch jede Menge anderer Dinge, für die sich ein Teenie schämt: Ihre Anwesenheit, Ihre Scherze und die Art, wie Sie fragen, wie der Tag in der Schule war (trösten Sie sich: Es gibt keine richtige Art). Ein Teenie schämt sich auch dafür, wie Sie den Schal wickeln (jede Generation hat ihren eigenen Knoten), und für Ihre Rede auf einer Familienfeier. Für jeden Scherz würde Ihr Kid sich am liebsten umbringen. Und wenn Sie in der Rede Schwänke aus dem Leben Ihrer Chaoten zum Besten geben, dann würden diese am liebsten *Sie* umbringen. Auch Ihre jämmerlichen Versuche, am Puls der Zeit zu bleiben, ob via Facebook, Instagram oder einem Paar Nike Air Max Command GS W, sind arg peinlich.

Wofür sich aber jeder Teenie, vor allem aber jede Tochter in Grund und Boden schämt: wenn Papa auf Festen zu tanzen anfängt. Ich kenne bislang keine Ausnahme, und mehr als einmal haben mich meine Töchter am nächsten Morgen kichernd imitiert. Sie lachen nicht mehr über deine Witze, sie lachen über dich. Dabei finde ich meine Moves gar nicht mal schlecht. Aber mit dieser Annahme stehen wir Väter ganz allein.

Ballettstar Michail Baryschnikow hat drei Töchter. Man müsste sie einmal interviewen, was sie von ihrem Vater halten, wenn er auf dem Schulball tanzt. Ich habe den Verdacht, dass selbst er sich dieser alten, universellen Regel der unendlich peinlichen Dad-Hüften nicht entziehen kann.

PROBLEM NR. 2:
Ihr Teenager entwickelt extravagante Vorstellungen von Kleidung. Ganz in Schwarz, komplett zerrissen, etwas zu freizügig. Oder alles zusammen.

Aussehen sei das ideale Feld, um Eltern herauszufordern und zu provozieren, schreibt Jan-Uwe Rogge in seinem Buch »Pubertät – Loslassen und Haltgeben«. Eigenständigkeit, Selbstbewusstsein und eine eigene Identität sollen gezeigt werden, und wie die Pubertät selbst oszillierten Auftritt und das Körperbewusstsein zwischen Extremen. Alles ist schrill, auffallend, ausgrenzend.

Rogge glaubt: Je stärker die Pubertierenden spüren, dass ihre Eltern die Inszenierungen der eigenen Kinder nur mit Blick auf die Umwelt ablehnen (»Was mögen die anderen wohl denken?«), umso stärker beharren sie auf eigenen Ausdrucksweisen. Er rät: »Geben Sie Ihrer Tochter vor allem das Gefühl, dass sie auch dann angenommen und willkommen ist, wenn sie einen Haarschnitt hat, der Ihnen nicht passt.«

Klingt alles richtig, aber schmeckt mir persönlich etwas zu sehr nach Vanilleeis. Grenzen müssen gesetzt werden. Dafür sind Eltern da. Lilafarbenes Haar mit dreizehn geht nicht, und auch noch nicht mit fünfzehn. Und zwar nicht, weil wir uns sorgen, was die anderen von uns denken, sondern weil es nicht geht. Ich werde ja schon nervös, wenn ich die kleinen sechsjährigen Italiener sehe, die ihr Haar modisch hochgegelt tragen, so wie es die Fußballer auch gerade tun.

Jedem Teen sollten gewisse Ausbrüche aus der Norm gestattet sein – aber nichts, was man schon aus hundert Metern Entfernung sieht.

Im Bad

»Kaum finde ich Jungs nicht mehr doof,
bekomme ich plötzlich Pickel«:
Der Körper verändert sich, die Tiegel türmen sich

Was passiert da im Badezimmer?

Wir reden jetzt nicht über körperliche Veränderungen, dazu konsultieren Sie bitte die entsprechenden Fachbücher. Wir reden über diese Menge an merkwürdigen Dingen, die sich plötzlich im Badezimmer vor allem von Mädchen ansammeln. Denn Sie werden nun eine Welt des Schmerzes betreten. Besonders im Portemonnaie wird sich ein unangenehmes Ziehen bemerkbar machen, wenn Sie die aus Elfentränen hergestellten Salben kaufen müssen, die umso teurer sind, je kleiner die Packung ist. Da gibt es etwa, um nur ein Beispiel zu nennen, die Firma Modern Natural aus Berlin mit ihren Cremes in strahlend weißen, der Firma Apple nachempfundenen Verpackungen. Das »Flawless Skin Nourishing Oil« verwöhnt die Haut Ihrer Tochter unter anderem mit Vitaminen, Fettsäuren, Kokosnuss- und Makadamiaöl und weiteren zwanzig Ingredienzen. Die »Ultra Soothing Treatment Essence« für neunundsiebzig Euro enthält Seegrasextrakt und »purified water« (»verzaubertes Wasser«), der »Gentle Purifying Facial Cleanser« verwöhnt die Teenie-Haut mit Rosenöl und japanischer Wollmispel. (Aus dieser Pflaumenart sollen sich übrigens auch hervorragende Marmeladen machen lassen.) Die kalifornische Firma Earth Tu Face, von zwei bekennenden Hexen begründet, die nachts auf ihren Besen die Kräuter für ihre Essenzen einsammeln, bietet das Duschgel mit Bergamotte und Aloe; die Körperlotion enthält Rosmarin, dem eine antioxidative Wirkung nachgesagt wird. Die Firma Idil Botanical setzt auf Edelsteine; die »Cleaning Mask« enthält nicht nur Extrakte von Iris und Pfingstrose, sondern auch Amethyst. Es gibt auch Badesalz aus dem Toten Meer. Oder reicht für Ihren Teenager noch ein Beauty-Produkt aus der Serie des geliebten Bloggers/der verehrten YouTuberin?

Weibliche Teenager entdecken erstmals die unendlich vielfältige Welt der Gesichts- und Körperpflege. Ein bisschen sind sie dazu gezwungen (»Kaum finde ich Jungs nicht mehr doof, bekomme ich plötzlich Pickel«), ein bisschen was wird von ihnen geradezu verlangt.

Da haben Sie es gut mit Ihrem immer gleichen Rasierwasser, dem rauen Waschlappen und dem Nivea in der schwarzen Dose. Aber Teenie-Jungs sind heute schon anspruchsvoller, für chinesische Jugendliche werden ganze Produktserien samt Schminkzeug entwickelt.

Lassen Sie es zu. Sie können sich nicht dagegen wehren. Mit Clearasil brauchen Sie jedenfalls nicht mehr zu kommen. Sie können nur auf den Placebo-Effekt dieser ungeheuer teuren Cremes setzen.

Oder Sie glauben wirklich daran, dass ein Amethyst alle Unreinheiten wegzaubert. Warum denn nicht? Sie glauben ja auch, dass es etwas hilft, dem Spiel Ihres Lieblingsvereins mit einem Fanschal beizuwohnen. Vor dem Fernseher. Zeitversetzt.

Im Übrigen werden Sie wenig Gelegenheit haben, diese Cremes bei der Live-Anwendung zu bewundern. Denn die Badezimmertür wird nun aus nichtigsten Gründen fest verschlossen. Selbst beim Zähneputzen ist eine Störung unerwünscht. Bei Ihrer Tochter setzt etwas ein, was sich Schamgefühl nennt.

Woher kommt das? Kinder gehen ja noch relativ ungezwungen mit der Nacktheit um; das ändert sich aber spätestens in der frühen Pubertät. Wissenschaftler glauben, dass das Schamgefühl angeboren ist. Der Wunsch, zur Gruppe zu gehören, sowie die artverwandte Angst vor Ausgrenzung und Einsamkeit gelten als eine der wichtigsten menschlichen Triebfedern. Niemand will aus der Gemeinschaft ausgestoßen werden. Daher kann man Schamgefühl als angeborenen Instinkt bezeichnen. Auch für das Schamgefühl im engeren Sinne, also die Angst vor der Nacktheit, vermuten die meisten Wissenschaftler natürliche und nicht anerzogene Beweggründe. Nacktheit bedeutet Individualität. Männer wollen ihre – allzu leicht sichtbare – Erregung nicht allen offenbaren, und Frauen wollen sich selbst aussuchen, wen sie reizen. Hinter dem Unwillen, sich nackt zu zeigen, steht unser Wille zur Selbstbestimmung. Für die These des angeborenen Schamgefühls spricht auch, dass in fast allen Zivilisationen weltweit völlige Nacktheit ein Tabu darstellt. Auch in den heißesten Klimaregionen und den am wenigsten zivilisierten Völkern wird zumindest ein Lendenschurz getragen. Und die Badezimmertür wird dort wie hier fest verschlossen.

Dieses lebendige Etwas auf ihren Köpfen

Haare: Plötzlich dreht sich alles um sie. Als wären sie ein lebendiges Wesen oder ein nicht zu zähmender Tyrann, der den gesamten weiteren Tagesverlauf bestimmt. Wie Ihr Teenie sich kleidet, mit welcher Laune er in die Schule geht und ganz generell, ob alle heutigen Vorhaben ein Erfolg werden oder von vornherein zum Scheitern verurteilt sind.

Und alles nur wegen der Haare. Wer hätte gedacht, dass es einmal so weit kommen würde? Wir Männer haben es meist leicht. Im Prinzip werden wir mit einem Schnitt geboren, den wir den Rest unseres Lebens in allenfalls kleineren Variationen auftragen. Wir machen uns erst Gedanken über Haare, wenn sie im Alter weniger werden. Zugegeben, in der uns nachfolgenden Männergeneration ist das anders, da wird munter der Undercut geschnitten oder der Kamm hochgegelt, modisches Vorbild: mediterrane Fußballprofis. Wäre aber in unserer Generation jemand auf die Idee gekommen, Horst Hrubesch, Paul Breitner, Uli Stielike oder Walter Frosch als haarige Stilikonen zu verehren?

Bei pubertierenden Töchtern scheint sich an manchen Tagen alles, wirklich alles um die Haare zu drehen. Und wie auch in Charakterfragen habe ich bei meinen Kindern die beiden Extreme anzubieten: Die Jüngste hat schwarzes, dünnes Haar, das wie zu gut gekochte Spaghetti von ihr herabhängt. Es ist so dünn, dass an manchen Tagen ihre Ohren darunter hervorstehen. Die Älteste dagegen hat dickes, borstiges blondes Haar. Was auch wieder nicht recht ist, weil sie nach einer falschen Schlafposition aussieht wie eine US-amerikanische Serienheldin der Achtzigerjahre. »Big Hair« nannte man diesen Look damals, was es ziemlich gut trifft.

Beide Töchter sind im Normalfall kreuzunglücklich mit ihren Haaren, und nur selten fällt alles doch richtig. Dabei haben beide Haarvarianten etwas für sich; ich habe mich da kundig gemacht, denn die Wahrscheinlichkeit ist groß, dass auch Sie es wissen sollten. Dünnes Haar ist besonders an trockenen Tagen problematisch, dann verliert es die ohnehin schon unzureichende Form und Kontur; etwas Schaum hilft. Aus dünnem Haar lassen sich dafür nämlich leicht die hübschesten Frisuren formen, wenngleich man etwas nachhelfen muss. Dünnes Haar ist gewissermaßen wie eine weiße Leinwand, während dicke

Locken schon ein fertiggestelltes Gemälde sind, das nur mit viel Mühe übertüncht werden kann. Gegen blondes, dickes Haar dagegen gibt es wenig zu haben. Die Hälfte der Menschheit will blond sein, aber klar, dass blonde Teenager das irgendwie nicht zu schätzen wissen. Eine Zeit lang wollte meine Ältere unbedingt rote Haare haben, so wie Hermione Granger aus Harry Potter, und sie war ob ihrer Blondheit untröstlich. Inzwischen hat sie sich mit ihrem schweren Los abgefunden, nicht ohne morgens vor dem Badezimmerspiegel und auch noch einmal vor dem Garderobenspiegel im Flur ein paar Mal tief zu seufzen. Im Badezimmer sammelt sich derweil eine verwirrende Anzahl von Tiegeln, Tuben und Essenzen an, die sich ohne fremdes Zutun zu vermehren scheint. Wenn irgendwo noch ein Preisschild klebt, dann ist Ihnen mit einem Blick auch klar, warum das Taschengeld immer knapp ist.

In jedem Fall steht das Haar im Mittelpunkt aller gesellschaftlichen Angelegenheiten, und Sie sollten sich hüten, wegen einer abstehenden, nicht zu zähmenden Tolle am Morgen zu kichern oder gar einen Ihrer gefürchteten Scherze darüber zu reißen. Nur eines habe ich bei meinen Abenteuerexpeditionen ins Land der Locken und Spangen noch nicht herausgefunden: den Unterschied zwischen einem Shampoo und einer Pflegespülung. Also abgesehen vom Preis.

Die Sache mit dem Duft

Es gibt wohl nichts Besseres als den Duft kleiner Kinder. Wir werden regelrecht poetisch, wenn wir den Duft beschreiben sollen: Vanille, gebrannte Mandeln, Milch, Lavendel, warmer Kuchen – in jedem Fall wunderbar. Die Natur hat es so eingerichtet, dass wir unseren Nachwuchs gut riechen können. Aber warum stinken Kleinkinder eigentlich nicht nach Schweiß, selbst wenn sie nicht jeden Tag baden und ihre Socken wechseln, während bei mehreren Pubertierenden zu Besuch die Wohnzimmerscheiben beschlagen? Zunächst ist wichtig zu wissen, dass Schweiß selbst nicht stinkt. Der Mief ist das Werk von Bakterien. Sie lassen sich bevorzugt an einer bestimmten Sorte von Schweißdrüsen nieder, den akkrinen Drüsen. Dort zersetzen sie den Schweiß in Stoffe mit so interessanten Namen wie Isovaleriansäure und 4-Ethylheptansäure – echte Stinkbomben. Die akkrinen Drüsen werden aber erst in der Pubertät entwickelt, ein Kleinkind hat diese Drüsen noch nicht; daher verströmt es auch sehr selten den säuerlich unangenehmen Geruch. Interessanterweise bilden sich die akkrinen Drüsen im hohen Alter zurück, weshalb auch Senioren weniger unter Schweißgeruch leiden als junge Erwachsene. Und damit ist klar, dass diese speziellen Drüsen eng mit der Sexualität zusammenhängen. Restlos ist der Einfluss von Schweißbildung und -zersetzung auf die Partnersuche noch nicht geklärt, sicher ist aber, dass Männerschweiß ein Abbauprodukt von Testosteron enthält, dem männlichen Sexualhormon. In einem Versuch der Uni Newcastle wurde festgestellt, dass Frauen Männer auf Fotos attraktiver finden, wenn man in ihrer Nähe einen mit Männerschweiß getränkten Wattebausch versteckt. Den Effekt beschrieben die beteiligten Wissenschaftler ganz unwissenschaftlich – und vielleicht auch ein wenig lüstern – als »enorm«. Offenbar müssen unsere Chaoten ein ganz klein wenig stinken, um bei der Partnersuche Erfolg zu haben.

Papa und der Igel

Es ist nicht nur so, dass sich nur unsere Kids körperlich verändern. Auch wir verändern uns.

Ein Laubblatt besiegelte mein Schicksal.

Es war ein konvex geformtes, mithin dreidimensionales Laubblatt, das in seiner rundlichen Form von einem leichten Wind quer über den Asphalt getrieben wurde, und zwar genau in jener Geschwindigkeit, mit der auch Kleinsäuger die Straße zu überqueren pflegen. Zudem dämmerte es. Daher trat ich auf die Bremse.

»Was ist los?«, fragte meine Frau, und auch meine Töchter auf dem Rücksitz waren sofort hellwach, immer bereit, eine Schwachstelle zu finden und auszunutzen.

»Nichts, ich dachte, es wäre ein Igel.«

Ich bin darauf stolz, noch keine Brille zu benötigen, dabei ähnelt der Rest meiner Verwandtschaft einer Maulwurfkolonie. »Geh zum Optiker und mach einen Sehtest«, insistierte meine Frau.

»Frage nie einen Friseur, ob du einen Haarschnitt brauchst«, lautete meine weise Antwort.

Doch der Igel in Form eines Laubblatts war eine Vorlage, die vor allem meine Töchter mit Vorliebe gegen mich verwandeln. Wenn wir gemeinsam im Auto sitzen, dann lauern die Biester auf jede Gelegenheit, mir den Igel unter die Nase zu reiben. »Da, ein Igel!« – »Achtung, ein Baum!« – »Pass auf, ein platt gefahrener Pfau«, rufen sie, wenn ein schillernder Ölfleck auf der Straße zu sehen ist. Bei meiner Frau trauen sie sich das alles nicht. Ich bin der Wetzstein, an dem sie ihre Eigenständigkeit schärfen. Sie, liebe Leser, dürfen davon ausgehen, dass auch Ihnen das droht.

Früher war es doch so: Wir waren Überväter für die Kleinen. Unendlich groß und stark. Wir hatten ebenso rätselhafte wie geniale Fähigkeiten. Wir wussten, wie die Hauptstadt von Spanien heißt, wie man ein Kaminfeuer anzündet oder wie man einen Apfel schält. Die Kleinen konnten im Schwimmbad ihre Arme um unseren Hals schlingen und würden nicht untergehen. Wir konnten einen Ball bis fast zum Himmel werfen. Wir gingen geheimnisvoll spät ins Bett und waren doch vor ihnen wach. Wir nahmen sie auf unsere Schultern, sodass sie die Zimmerdecke berühren konnten.

Ziemlich beeindruckend, das Ganze. Jedenfalls solange die Kleinen nicht älter als sechs sind.

Doch dann zeigen sich erste Risse im Bild des Übervaters, und bald werden wir ordentlich auf ein profanes Niveau degradiert. Bei mir kam noch hinzu, dass ich immer ein schlechterer Sportler als meine Frau war, von daher haben sie schnell auch den Respekt davor verloren. Ich konnte nur noch mit Körperkraft punkten, weil meine Frau alles besser konnte: Skifahren, Tennis, Volleyball. Mit etwas Glück bleibt uns noch eine gewisse Restautorität, aber ernsthaft beeindrucken können wir unsere Kids kaum noch.

Neuerdings stellen sie mir Fangfragen, um meine vermeintliche Sehbehinderung und generelle Unfähigkeit, ein Auto zu steuern, zu entblößen, etwa folgende: Welche Farbe hat das Auto, das uns gerade überholt hat? Und wenn ich »violett« sage, dabei handelt es sich doch eindeutig um Mauve, ist das ein weiterer Beweis für meine gravierende Sehschwäche, die mich zu einer Gefahr für die Gesellschaft macht. Abends lassen mich alle drei gar nicht mehr ans Steuer, denn angeblich leide ich unter Nachtblindheit, eine völlig verwegene, unsinnige Diagnose. Gegen die ich mich aber nicht übermäßig wehre, denn in der Konsequenz bedeutet das, dass bei abendlichen Touren in entfernt gelegene Restaurants meine Frau am Steuer sitzt und ich ein Glas Wein mehr trinken kann. Und während die Töchter wieder über irgendetwas kichern, was der Wetzstein gesagt oder getan hat, lächelt der Wetzstein still in sich hinein und schenkt seiner Frau ein Glas Mineralwasser ein.

Ist die Evolution zu schnell für uns?

Geht Ihnen das mit Ihrem Teenie viel zu schnell? Sie sind nicht der Einzige. Zehn- und Elfjährige sind sexuell voll entwickelt, aber weder sie noch die Gesellschaft sind vollends reif dafür, sagen Mark Hanson und Peter Gluckman von der University of Southampton. Das habe mit einer Schieflage in der körperlichen und geistigen Entwicklung zu tun. Zunächst fanden die Forscher heraus, dass auch die Mädchen in der Steinzeit zwischen sieben und dreizehn Jahren zum ersten Mal menstruierten, was darauf schließen lässt, dass dieses Alter evolutionär bestimmt ist. Möglich, dass in den kleinen Gruppen der Jäger-und-Sammler-Gesellschaften des Paläolithikums damit auch die geistige Reife erreicht war. Dann aber, als die Menschen sesshaft wurden und Krankheiten und Mangelernährung den Alltag bestimmten, verschob sich auch das Alter der Pubertät weiter nach hinten. Erst die moderne Hygiene, bessere Ernährung und der medizinische Fortschritt drückten die Pubertät wieder in die ursprüngliche, frühere Altersgruppe. Doch die Gesellschaft hatte sich inzwischen weiterentwickelt, und dieses Missverhältnis wird immer komplizierter. »Zum ersten Mal in der zweihunderttausendjährigen Geschichte unserer Spezies sind Menschen geschlechtsreif, bevor sie das psychologische

Rüstzeug haben, um in der modernen Gesellschaft als Erwachsene zu bestehen«, erklärt Professor Hanson. »Alle unsere Sozialsysteme basieren auf der Vermutung, dass diese beiden Reifeformen, körperlich und geistig, zugleich stattfinden. Doch das ist nicht der Fall, und wir werden wohl nie wieder in die biologische Realität zurückfallen. Und das bedeutet, dass wir jede Menge neue Strukturen aufbauen müssen – nicht zuletzt in der Erziehung –, um mit diesen Gegebenheiten klarzukommen.«

PROBLEM NR. 3:
Ihr Teenager ist unglücklich mit der Haut,
der Größe, der Figur.

Jesper Juul, der Gottvater der Pubertätsexperten, überrascht in seinem Buch »4 Werte, die Eltern & Jugendliche durch die Pubertät tragen« mit folgendem Rat: »Obwohl es für Sie schmerzhaft ist, dies zu erleben, würde ich an Ihrer Stelle nicht versuchen, sie vom Gegenteil zu überzeugen. Es kommt vor allem darauf an, sie so zu akzeptieren, wie sie ist, beispielsweise mit folgenden Worten: ›Ich weiß ja, dass du so denkst. Das muss sehr schwer für dich sein, und ich wünschte, ich könnte dir die Situation erleichtern.‹« Bei den meisten der jungen Frauen, so Juul, verschwinde die destruktive Selbstkritik irgendwann und weiche differenzierteren Gedanken und Gefühlen.
Na, ich weiß nicht. Ich habe nicht das Gefühl, dass dies Jesper Juuls bester Ratschlag ist. Auch kluge Köpfe greifen halt mal daneben. So würde ich es machen:
»Wenn ich morgens aufstehe, sehe ich auch nicht aus wie Cindy Crawford.« (Cindy Crawford) Machen Sie Ihrer Tochter klar, dass Supermodels kein Maßstab für irgendetwas sind. Und

bringen Sie ruhig mal Ihre eigene Sicht der Dinge schonungslos ein: Das hübscheste Mädchen, in das alle damals in Ihrer Klasse verliebt waren, war vielleicht auch etwas übergewichtig, hatte schiefe Zähne oder Pickel, aber das machte überhaupt nichts aus. In solchen Dingen haben Väter immer noch etwas zu sagen – und besitzen als Männer eine gewisse Überzeugungskraft. Ich würde alles dafür tun, sie davon zu überzeugen, dass sie eine sehr hübsche Person ist. Was ja auch tatsächlich stimmt.

PROBLEM NR. 4:
Schminke reicht nicht mehr –
Ihr Teenager will ein Tattoo.

Joachim Braun und Kirsten Khaschei raten in ihrem Buch »Mädchen in der Pubertät – Wie Töchter erwachsen werden«, dass Ihre Tochter selbst über ihr Aussehen entscheiden sollte. Es gehöre zur Pubertät, sich mit Klamotten, Make-up und Körperschmuck auszuprobieren. Insofern sei der Wunsch nach einem Piercing oder Tattoo »ein positives Signal. Er zeigt an, dass Ihre Tochter ihren Körper mag und ihn schmücken und präsentieren will. Dies sollten Sie als Eltern unterstützen.«
Entschuldigung, wie bitte? Mit dieser Einstellung hat man von vornherein verloren. Spielen Sie erbarmungslos auf Zeit. Ihr Chaot ist fünfzehn? Keine Chance. Vertrösten Sie ihn, ob Tochter oder Sohn, auf sechzehn, denn auch der Gesetzgeber verlangt dieses Alter. Selbst mit Einverständnis der Eltern dürfen sich unter Sechzehnjährige nämlich weder piercen noch tätowieren lassen. Und hoffen Sie, dass Ihr Teenie in den ein, zwei Jahren zur Vernunft kommt. Wenn er dann noch drauf besteht, verweigern

Sie sich, so gut es geht, und wenn gar nichts mehr hilft, handeln Sie zumindest die Tattoo-Größe so weit runter, wie es nur irgend machbar ist. Und trösten Sie sich mit einer Liste folgender Menschen, die ein Tattoo hatten: Kaiserin Sissi (ein Anker auf dem Oberarm!), Winston Churchill, Dame Helen Mirren.

Im Wohnzimmer

Die italienische Familienversicherung –
nutzen Sie sie!

Bündnisstrategie

Wenn Sie aus diesem Buch nur einen einzigen Ratschlag für sich übernehmen wollen, dann sei es bitte dieser hier: Umgeben Sie sich mit Verbündeten. Und machen Sie es auf die italienische Art.

Das große Geheimnis italienischer Erziehung lautet: Hier haben die Kinder praktisch gar keine Zeit, pubertäre Macken zu entwickeln. Bevor sie rumzicken, stehen schon die *polpette* der *nonna* auf dem Tisch, das Baby der Cousine muss getröstet und der Hund gestreichelt werden. Dann beginnt das Fußballspiel im Fernsehen, und die *nonna* trägt den selbst gemachten Schokoladenkuchen auf, mit dem heißen inneren Kern, der sich mit dem ersten Gabelstich köstlich duftend über den Teller verteilt. Wer will da noch über die Pubertät nachdenken?

Italiener machen sich keinen Kopf über die Pubertät, und sie müssen es auch gar nicht. Dafür mag als Beleg der Sachbuchmarkt gelten. In den letzten zwanzig Jahren ist nur ein einziges Buch italienischer Autoren erschienen, das sich mit der Pubertät beschäftigt (und ein weiteres Buch – eine medizinische Abhandlung – wurde aus dem Deutschen übersetzt). In Deutschland im selben Zeitraum? Zweiundzwanzig Titel. Mit dem vorliegenden Buch sogar dreiundzwanzig.

Es ist wie mit den Glücksbüchern: Je mehr Glücksbücher in einer Sprache erscheinen, desto unglücklicher ist das Volk.

Denken Sie nur an all diese hektischen Frauen aus Ihrem Bekanntenkreis, die plötzlich ihr inneres Gleichgewicht gefunden haben und nun Yogalehrerinnen sind – und nicht schnell genug eine eigene Praxis, Workshops auf Ibiza, Blogs und Bücher auf den Markt werfen können. Und, von irgendeinem inneren Yogi besessen, alle zwei Stunden auf Facebook und Instagram posten müssen, wie unfassbar ausgeglichen sie jetzt doch sind. Der Pilot, der die German-Wings-Maschine gegen einen Berg krachen ließ, führte ein Glückstagebuch.

Zurück zum Thema. Ich denke, ich habe die Fakten auf meiner Seite, wenn ich behaupte: Italiener bekommen das besser hin, und wir sollten uns von ihnen einiges abschauen. Was ich ja aus erster Hand tue.

Schon das Wort »Pubertät«, »pubertà«, ist in Italien extrem selten, geradezu ein Fremdwort, dabei kommt es ja aus dem Lateinischen. (Und »Schamhaar«, falls Sie das mal wissen müssen, heißt »pube«.)

Ich habe das Gefühl, wir drehen alle am Rad. Thematisieren jedes kleine Hüsteln als Einsturz im sozialen Gefüge, reagieren auf jeden Widerspruch und jede Insubordination mit hysterischer Hektik. *Das muss wohl die Zeit sein*, denken wir und aktivieren alles, was geht – kaufen Bücher, lassen uns von Psychologen beraten, weinen uns im Freundeskreis aus, befürchten das Schlimmste.

Die Ausländer haben dafür einen Ausdruck: »German Angst«. Ich weiß, es ist absurd, denn auch ich trage ja mit diesem Buch dazu bei. Aber mein Bestreben ist es ausdrücklich, den Dampf vom Kessel zu nehmen.

Das heißt nicht, dass die Pubertät wie ein Engelsflug unbemerkt dahingeht. Man sollte sich aber davor hüten, jedes Murren und jede Fünf in der Schule als Indiz dafür zu nehmen, dass aber jetzt wirklich die chaotische Zeit beginne. Auch Acht- und Zehnjährige hatten ihre problematischen Perioden. Nur, dass man für die keinen griffigen Namen hat. Man muss nicht alles unter das Vergrößerungsglas legen. Ein bisschen Augenmaß, ein bisschen Entspannung. Wer weiß? Vielleicht wird die Pubertät dann zum Kinderspiel.

Zurück zum Thema Familie: Viele Bezugspersonen sind besser als eine. Wir sind ja hier nicht in der Kirche, wo nur derjenige von ganz oben das große Wort schwingt, und mir ist auch ganz egal, was Psychologen zu meiner These sagen; ich halte mich an das, was ich selbst erlebe und was gut zu funktionieren scheint. Bei uns geht das so: Der *nonno* erzählt von seinen Streichen in der Schule (ein Viktor light gewissermaßen – siehe Kapitel »Ventil Viktor«), und manchmal brennt auch jetzt noch die Vernunft mit ihm durch, und dann steht er plötzlich mit fast achtzig Jahren im Hafen auf dem Bug eines Segelboots, das er sich von einem Freund ausgeliehen hat, und lädt uns alle auf einen Törn nach Istrien ein. Das ist zwar nur ein paar Seemeilen auf der anderen Seite, dennoch. Die *nonna* ist verblüffenderweise die Strengste von uns allen, genießt aber großen Respekt. Nach dem Mittagessen geht sie nicht aus dem Haus, raucht ihre dünnen Zigaretten vor dem Fernseher und schaut sich den AC-Mailand-Kanal an. Sie hat es sich auch zur Aufgabe gemacht, ihre Enkelinnen zu Milan-Fans zu erziehen, was bislang tadellos klappt. Jeder muss halt seine Ziele haben. Onkel Paolo repariert jedes Gerät, indem er es nur scharf ansieht, und seit er den Töchtern einen eigenen Netflix-Kanal eingerichtet hat, ist er ohnehin der Held. Onkel Piero ist der permissive, kreative Architekt, der sich mit viel Liebe um seine Nichten kümmert und ihnen immer pädagogisch wertvolle Bücher schenkt, seinen eigenen Kindern aber, sechs und vier Jahre alt, Fernsehen und

Videospiele verbietet. Familienintern laufen Wetten, wie lange er das durchhält. Meine Frau ist der uneingeschränkte Boss und hat das letzte Wort in allen relevanten Fragen, zum Beispiel, ob am Samstag eine Pyjama-Party bei uns erlaubt ist oder nicht (kommt drauf an) oder ob der Hund mit ins Bett – oder auch nur in den obersten Stock – darf (darf er nicht). In allen irrelevanten Fragen kann ich mich dagegen durchsetzen, außerdem mache ich die besseren Bratkartoffeln, was der gesamten Familie schon viele schöne Momente beschert hat.

Und damit nicht genug: Laura hat eine ganze Armee von Freundinnen zur Verfügung, die meine Töchter ebenfalls ins Herz geschlossen haben. Alle ihrer Freundinnen werden mit »Zia«, »Tante« angesprochen, auch jetzt noch in der pubertären Zeit, sind also Teil der Familie. Da ist zum Beispiel Marina, mit der man wunderbar Tussenkram besprechen kann (Schminke, Stars, heiße Sänger), oder Marta mit ihrem Boxer, der meine Töchter vor Liebe aufschlabbern will.

Der Autor hat leicht reden, denken Sie nun, da er doch in eine italienische Familie eingeheiratet hat, die ja per se größer ist und, fast noch wichtiger, dazu tendiert, auf einem Fleck zu bleiben? Nun ja, das kann auch eine Last sein. Oft wäre es mir lieber, ich könnte unter der Woche mal ein paar Freunde einladen. (Nicht, dass mir das jemand verbieten würde, aber im Wohnzimmer ist nur begrenzt Platz, weil ja schon die Familie da ist.) Hätte ich meine italienische Familie nicht an der Backe, würde ich es in Deutschland genauso machen. Viele meiner Freunde haben ja ebenfalls Kinder im pubertierenden Alter, da lässt sich doch am Abend gut eine Pizza vereinbaren. Ein bisschen Trubel von außen im Haus tut immer gut. Wenn man nur im eigenen Saft kocht, werden Probleme schnell unverhältnismäßig groß.

Wie oft habe ich von meinen Freunden, die ziemlich schwierige pubertierende Teens daheim haben, den Spruch gehört: »Mit uns allein zu Hause ist es der totale Terror. In Gesellschaft sind sie immer richtig lieb.« Ja, verflixt, dann sorgen Sie doch einfach für ein bisschen Gesellschaft!

»Wir müssen reden.« Müssen wir?

Es ist stets ein schrecklicher Moment in US-Serien, wenn zur Familienversammlung gerufen wird. Dann setzen sich alle um einen Tisch – natürlich so, dass die Kamera jeden gut erfassen kann, wie bei Leonardo da Vincis »Letztem Abendmahl« –, und dann wird ausgiebig diskutiert. Ob es nun eine Komödie oder ein Drama ist, die Familienversammlung gehört zum festen Repertoire der Drehbuchschreiber. Sie hat auch gewisse dramaturgische Vorteile für die Figurenentwicklung und das Vorantreiben der Handlung, aber das führt jetzt zu weit.

Ich rate Ihnen dringend, nicht allzu analytisch dem Verhalten Ihres Chaoten zu begegnen und wegen jeden Seufzers eine Familienkonferenz einzuberufen. Wenn oben die Türen zuschlagen, kann es auch mal gut sein, alles auf sich beruhen zu lassen.

Dies ist einer der wenigen Punkte, über die meine Frau und ich uns streiten; sie duldet keine unbedachten Worte, mir war es lange egal, wenn mir eine meiner Töchter »Stai zitto« sagte. Nun allerdings weiß ich, dass das eine ziemlich respektlose Aussage ist und etwa »Halt die Klappe« bedeutet, und daher habe auch ich ihnen das verboten. Aber nur mit einem scharfen Blick, den beide sofort verstanden. Meine Frau neigt bei solchen Äußerungen zu einem längeren Vortrag, den sich die

Töchter auch stumm anhören. Doch dann ist auch schnell wieder alles vergessen.

Wir alle haben mal einen schlechten Tag. Sie, ich, meine Frau und, kaum zu glauben, auch pubertierende Töchter. Machen wir es uns allen nicht schwerer, als es ohnehin schon ist. Manchmal ist es das Beste, ein Problem einfach zu ignorieren und statt einer Familienversammlung gemeinsam zu Abend zu essen, ohne groß auf den Knall der Kinderzimmertür einzugehen, der Ihnen das Trommelfell nach innen gestülpt hat.

Warum ist es gut, wenn Teenager dauernd widersprechen?

Sind Sie auch der ewigen Widerrede müde? Eine Studie der Universität Virginia mit 157 Heranwachsenden hat ein sehr interessantes Ergebnis hervorgebracht, das möglicherweise uns als Eltern in harten Momenten trösten kann. Die Befragungen der Wissenschaftler unter der Leitung von Joseph P. Allen ergaben nämlich, dass Jugendliche, die besonders häufig mit den Eltern streiten, in ihrem sozialen Umfeld deutlich autonomer agieren – und damit weniger anfällig für Versuchungen wie Alkohol und Drogen sind, die häufig aus dem Gruppendruck heraus konsumiert werden.

»Die Teenager, die selbstbewusst gegenüber ihren Eltern auftreten, legen ein solches Verhalten auch bei ihren Freunden an den Tag«, so Allen. Das ständige Widersprechen schult offenbar den Eigensinn und schärft gewissermaßen ihre Eigenständigkeit – auch wenn das zulasten der gestressten Eltern geht. Aber sonst kann ja niemand als täglich verfügbarer Sparringspartner dienen.

Sind Stiefmütter schlechte Mütter?

Natürlich nicht, und möglicherweise haben Sie als Vater in einer modernen Familie ja auch eine nicht leibliche Mutter für Ihre Kinder an Ihrer Seite, deswegen soll hier etwas gegen ihren schlechten Ruf getan werden. Dass nämlich Stiefmütter gerade im deutschen Sprachraum so übel beleumundet sind, liegt an den Märchen der Gebrüder Grimm. Dort ist es oft die Stiefmutter, die den Kindern etwas Böses will, etwa bei Hänsel und Gretel oder Schneewittchen. In den ursprünglichen Versionen der Märchen war es noch die leibliche Mutter, doch dieser Umstand war den konservativen Zensoren zu radikal; man fürchtete um den guten Ruf der Institution Familie. Es könnte auch sein, dass die Grimms selbst in späteren Auflagen die Mutter zur Stiefmutter machten, um keinen Ärger zu riskieren.

Stiefmütter sind allerdings deutlich gestresster als leibliche Mütter, wie eine Studie der Thames Valley University an dreihundertdreißig Müttern und Stiefmüttern ergeben hat. Hart trifft es Mütter, die zugleich Stiefmütter sind, sich also um das leibliche wie auch um das fremde Kind kümmern müssen – ein typisches Patchwork-Problem. Aber auch Stiefmütter ohne eigene Kinder fühlen sich oft überfordert und neigen stärker zu Depressionen als leibliche Mütter. Die Forscher haben dafür drei Erklärungen gefunden. Erstens haben Stiefmütter ohne eigene Kinder Angst davor, etwas falsch zu machen, weil ihnen die Erfahrung fehlt. Zweitens wollen sie sich den Erziehungsmethoden der leiblichen Eltern mehr oder weniger anpassen, ob sie diese nun gutheißen oder nicht. Drittens wissen Stiefmütter, wie eine Befragung ergeben hat, nie genau, ob sie gegenüber den Kindern eher die Rolle der »Mutter« oder eher die Rolle der »Freundin« annehmen sollen.

La Luna oder: die typische Falle

Es ist eine Falle, in die nahezu jeder Vater pubertierender Kinder tappt: die Hundefalle. Denn wenn Kinder klein sind und auf ein Haustier drängen, kann man sie mit der Hinhaltetaktik zermürben. »Wir kaufen uns erst dann einen Hund, wenn ihr alt genug seid.« Komischerweise funktioniert das recht gut, obwohl die Kinder ja sonst nicht einmal bis zum Nachmittag warten können, um irgendetwas Begehrtes, was man ihnen versprochen hat, zu bekommen. Möglich, dass im kindlichen Hirn doch schon eine kleine Vernunftecke eingerichtet ist, die ihnen klarmacht, dass ein Hund den Verzicht auf den Lieblingscomic am Nachmittag bedeuten könnte. Vielleicht half es ja auch, dass wir zwei Wasserschildkröten haben, die uns von unserem Schwager geschenkt wurden (nochmals ganz herzlichen Dank dafür, Paolo) und die sich in ihrem rosafarbenen Plastikterrarium auf eine beängstigende Art überlebensfähig zeigen. Die Reinigung des Terrariums obliegt seit jeher meinen Töchtern, und es ist keine angenehme Aufgabe.

Die Falle ist nun folgende: Du lässt dich breitschlagen, dass ein Hund angeschafft wird, weil du es heimlich selbst willst, aber nicht ohne den Töchtern das Versprechen abzunehmen, täglich mit dem Hund zu gehen, jede einmal. Den dritten Gang würde man dann selbst übernehmen.

So weit die Theorie. Die Praxis: Der Wecker meiner Töchter klingelt um sechs, weil um sieben der Bus in die Stadt zum Gymnasium fährt. Also stehen sie um sechs Uhr vierzig auf, schaffen es dann immerhin, gleichzeitig Kakao zu trinken und sich die Zähne zu putzen, und sprinten mit dem zwanzig Kilo schweren Ranzen zum Bus. Während Luna verdutzt schaut. Also übernehme ich den ersten Gang. Das Schöne am Autorendasein war immer, bis in die Puppen schlafen zu können. Nun bin ich von halb sieben bis halb acht mit dem Hund draußen.

Die beiden Mädchen kommen zwischen fünfzehn und sechzehn Uhr nach einem harten Tag heim und müssen Hausaufgaben machen. Also übernehme ich den zweiten Gang. Abends haben sie Volleyballtraining, drei Mal die Woche. Also, genau, bin ich auch am Abend mit Luna draußen. Und am Wochenende? Abgesehen davon, dass sie Volleyballspiele haben, will ich ihnen eine Atempause gönnen und gehe dafür mit Luna raus. In den Ferien will ich, dass sie ausschlafen (Pubertierende sind immer sehr, sehr müde, müssen Sie wissen – siehe Kapitel »Warum sind Teenager bloß immer so müde?«), also erwischt es wiederum mich. Und wenn sie tatsächlich mal Zeit und Lust hätten? Ach, inzwischen habe ich mich so sehr dran gewöhnt, dass ich mechanisch die Leine vom Garderobenhaken nehme und lostrotte.

Der Strand meines Heimatorts Grado ist voll von Vätern meines Alters. Wissend nicken wir einander zu und gehen mit den Hunden unseres Weges. Leben heißt Lernen. Vielleicht sollten wir eine WhatsApp-Gruppe gründen, und wären wir nicht auch für die werbetreibende Industrie interessant, wenn uns ein zugkräftiger Name einfiele?

Immerhin: Der Hund hat mich davor bewahrt, ein Sonderling zu werden. Denn plötzlich muss man mit fremden Menschen kommunizieren, eine Sache, bei der man als Autor am Schreibtisch – und sicher auch als Mittvierziger-Büromensch – mit der Zeit aus der Übung kommt. Wer täglich daheim vor dem Computer sitzt, der entwickelt mit der Zeit soziale Inkompatibilitäten. Seit ich aber mit dem Hund ausgehe, bin ich gezwungen, vor mich hinzulächeln und mit wildfremden Menschen Small Talk zu halten, was für mich über Jahre undenkbar gewesen wäre.

Wer weiß? So wie es die Theorie gibt, nicht der Mensch hätte den Hund domestiziert, sondern der Hund erst den Menschen zu einem sesshaften Wesen gemacht, ist der Hundewunsch pubertierender Kinder möglicherweise ein Trick der Natur, um den Vater wieder in die menschliche Gemeinschaft einzuführen, statt aus ihm einen verbitterten mittelalten Mann zu machen.

Und: Es hätte alles schlimmer kommen können. Glücklicherweise haben sie sich kein Pferd gewünscht. Das wird dann auch immer finanziell eine bedrückende Sache.

Bei allen nervigen Verpflichtungen: Ich glaube fest daran, dass Hunde Kindern und Jugendlichen guttun. Ein bisschen Verantwortungsgefühl und auch ein wenig Leiden – die Sorgen um ein geliebtes Wesen, wenn es Luna nicht gut geht oder wenn sie erbricht, das ist eine gute Schule. Außerdem kann ein Hund innerfamiliäre Konflikte entschärfen. Ein bisschen gemeinsames Kuscheln, und der Ärger um Hausaufgaben oder Abwasch ist vergessen.

Zudem habe ich noch keinen Teenager kennengelernt, der so abgestumpft ist, dass er bei einem Hund nicht doch weich wird.

Natürlich: Der Weichste von allen bin ich. Nur von mir bekommt Luna, entgegen der Direktive meiner Frau, Wurstscheiben. Könnte allerdings auch sein, dass ich der Einzige bin, der sich regelmäßig bei dieser verbotenen Fütterung erwischen lässt.

Wunderbares Weihnachten

Besorgt? Seien Sie es nicht. Weihnachten ist das Fest der Liebe, und auch heikle pubertäre Fälle lassen sich von der Magie dieser Feiertage verzaubern. Meine beiden Töchter jedenfalls sind schon Wochen vorher heiß auf dieses Fest; aus Pubertierenden werden wieder kleine Kinder. Es ist ja auch alles zu gut: schulfrei, lange schlafen, Fernsehen bis in die Nacht, überall Süßigkeiten, und dann noch Geschenke – selbst ein tendenziell verwirrtes Teenager-Hirn sieht ein, dass hier die Vorteile klar überwiegen. Mögen sie auch gegen alles sein: Weihnachten ist von der Rebellion ausgenommen. Selbst die verbocktesten Teens stimmt die Aussicht auf vierzehn paradiesische Tage ohne Hausaufgaben froh. Eine amerikanische Freundin gab mir überdies folgenden interessanten Tipp, um die Kinder gefügig zu machen: Man möge leere Kartons sorgsam mit Geschenkpapier umwickeln und unter den Weihnachtsbaum legen. Gibt es Widerworte, fliegt das Geschenk zum Entsetzen der Pubertierenden in den Kamin und brennt sofort lichterloh. Eine rabiate Methode, fürwahr, aber unsere Freundin stammt aus Texas, wo der Tag ja gern mal mit einer Schusswunde beginnt.

Für Eltern von pubertierenden Töchtern gibt es allerdings ein paar Hürden. Und die allererste heißt: Wunschzettel. (Damit geben sich selbst die unwilligsten Kinder große Mühe.) Sie werden trotz der angestrengt schönen Schrift, zu der sich die Pubertierenden in diesem Fall hinreißen lassen, Dinge darauf entdecken, von denen Sie noch nie gehört haben, Worte, deren Existenz Ihnen bislang ganz fremd war. Mein Patensohn schickte mir folgende Wunschliste: »Double Trouble – Giants Single Character«, »Skylander – Character Pack Bouncer«. Die Lego- und Playmobil-Zeiten sind unwiderruflich vorbei, Barbie hat es bei uns glücklicherweise nie gegeben, aber Sie wissen, was ich meine. Auch die Welt der Wünsche unserer Pubertierenden liegt hinter einer Tür, die sich immer weiter schließt, bis nur noch ein Spaltbreit Licht daraus hervorströmt. Und meistens nicht einmal das. Denn wissen Sie, wer Alvaro Soler ist, Keisha, Dove Cameron, Demi Lovato oder Martina Stoessel? Und wenn Sie sich erst an diese Namen gewöhnt haben, dann kommen Laura Marano oder R5. Früher, da gab es doch nur die Beatles und die Stones und nichts anderes, denken Sie? Sie haben nicht ganz unrecht, der Musikmarkt ist ganz schön zerfasert, und mit etwas Glück reichen schon drei Minuten YouTube, um einen neuen Weltstar zu kreieren (Sie erinnern sich an »Gangnam Style«?).

Weil unsere Familie neben unseren pubertierenden Töchtern randvoll mit Kindern zwischen zehn und drei Jahren gespickt ist, muss ich mich seit mittlerweile vier Jahren jedes Weihnachtsfest verkleiden. Sie kennen die drei Phasen im Leben eines Mannes?

Du glaubst an den Weihnachtsmann.

Du glaubst nicht mehr an den Weihnachtsmann.

Du *bist* der Weihnachtsmann.

Apropos: Eine Freundin meiner jüngsten Tochter, elfeinhalb Jahre alt und erkennbar schon pubertierend, ist auf Facebook und Twitter und hat tausendzweihundert Follower auf Instagram. Sie glaubt noch an *Babbo Natale*. In weniger Worten lässt sich die Absurdität der heutigen Zeit kaum zusammenfassen.

Am Esstisch

Das Lagerfeuer der modernen Familie –
halten Sie es am Brennen!

Es gibt nichts, was sich nicht bei Toast, Rührei und gebratenem Speck aus der Welt schaffen lässt

Streit, Tränen, Zeugnisse? Die Laune ist im Keller, und es fehlt nicht viel, und Sie geraten auch noch mit Ihrer Frau aneinander? Befrieden Sie die Familie. Dazu eignen sich Rituale. Dinge, die alle gleich gut finden. Selbst im verquersten Teenagerempfinden wird es da mit Sicherheit etwas geben. Finden Sie Ihr Ritual.

Unser Ritual: eine Frühstücksorgie. Frühstück wird in Italien verschmäht, es geht zum *caffè* an die Bar, und die Kinder kriegen vor der Schule ein verpacktes Croissant. Dass Frühstück die gesündeste Mahlzeit des Tages ist, wird ja oft behauptet, aber belegen lässt sich das nicht, und weil Italiener insgesamt eine höhere Lebenserwartung haben als Deutsche (trotz dramatisch schlechterer medizinischer Versorgung), kann das nur bedeuten, dass wir uns von ihnen mehr abschauen sollten als sie sich von uns.

Jedenfalls: So wie wir uns in Deutschland manchmal nichts sehnlicher wünschen als einen dampfenden Teller hausgemachter Nudeln, wie wir sie in Italien so gern gegessen haben, so ist für Italiener ein üppiges *colazione* etwas absolut Exotisches. Viele kennen ein deftiges Frühstück allenfalls von ihrem Winterurlaub in Südtirol und Österreich, aber diese eine Skiwoche im Jahr weckt erst recht die Begehrlichkeiten.

Überhaupt ist das gemeinsame Familienessen zumindest zwei oder drei Mal pro Woche eines der wenigen Dinge, das Sie mit den legendären drei Säulen der Pädagogik durchsetzen sollten: Lernen durch Schmerzen, Motivation durch Entsetzen und Respekt durch Angst, da bin ich ganz unerbittlich.

Kleiner Spaß, doch wie schon zuvor geäußert, glaube ich, dass große Tafeln die Probleme verkleinern, und dieses Abhängigkeitsverhältnis funktioniert genau umgekehrt proportional: Je größer die Tischrunde, desto kleiner wird das Problem, bis es sich ganz verflüchtigt wie die Blasen im Proseccoglas meiner Schwiegermutter. (Sie trinkt den ganzen Abend lang exakt ein Glas, selbst wenn das Essen Stunden dauert. Auch von diesem Maßhalten können wir viel von den Italienern lernen.)

Und so sitzen wir zusammen bei Kaffee und Kakao, frisch gepresstem Orangensaft, Toast und Nutella, Schinken und Ei, Joghurt und Müsli. Kein Schnickschnack, für deutsche Verhältnisse absoluter Standard. Und doch etwas ganz Spezielles im Süden. Was mich auf eine Idee für Ihr Ritual bringt: Vielleicht sollten Sie einmal die Woche einen Spaghettitag für die ganze Familie ausrufen? Eine Kollegin von mir, inzwischen renommierte Feinschmeckerin, hat früher mit ihren Eltern einen »Schlangenfraßtag« eingelegt, in dem es wirklich nur wohlschmeckenden Unsinn gab, etwa Spaghetti mit klein geschnittenen Würstchen drüber. Noch heute redet sie davon, und sie kann es kaum abwarten, einen solchen Tag, der gemeinhin der Resteverwertung gilt, bei ihren Kindern einzulegen, sobald sie ins problematische Alter kommen. (In vielen Hotels gibt es den Schlangenfraßtag schon. Er heißt »Brunch«.)

Wie immer bei Ritualen kommt es nicht so sehr auf den Inhalt an, sondern auf den Dekor. Selbstverständlich bekommt jede Tochter ihre Lieblingskakaotasse, die Servietten sind immer gleich bunt, und auf dem Frühstückstisch liegen ausschließlich die guten, scharfen Ikea-Messer mit Plastikgriff, nicht das alberne, stumpfe Silberzeug, das wir zu unserer Hochzeit bekommen haben und das rigoros bei jedem Abendessen mit Freunden auf den Tisch kommt, obwohl es nicht einmal heiße Butter schneiden kann.

Noch zwei wichtige Tipps: Halten Sie den Tisch frei von der Schule oder sonstigen Problemgesprächen. Das durchschauen die Kleinen sofort. Und: Rituale sollte man nicht ausleiern lassen. Man kann sie nicht immer erzwingen und sollte von ihnen nicht allzu häufigen Gebrauch machen. Dann nutzen sie sich ab. Aber jeden Sonntag oder zumindest jeden zweiten Sonntag ist zum Einstieg völlig in Ordnung.

Über die Wirkung des Rituals möchte ich beispielhaft das Folgende berichten. Einmal standen wir am Sonntag mit schlechter Laune auf; irgendwas vom Vorabend lag noch in der Luft und war ungeklärt geblieben, ich glaube, es ging um eine Pyjama-Party, die zugunsten einer längeren Hausaufgabe abgesagt werden musste. Über unser Bemühen, am Tisch des von uns allen geliebten Sonntagsfrühstücks möglichst missmutige Mienen aufzusetzen und einander nur grummelnd das Zubehör zu reichen, mussten wir schließlich alle vier lachen, und die Stimmung hellte sich rapide auf.

Und selbst wenn die Teenager am Sonntag noch verschlafen sind: Von dem Duft des Toastbrots und des gebratenen Specks angelockt, finden sie auch mit geschlossenen Augen den Weg an den Tisch. Im Allgemeinen nimmt der Tag dann einen ansprechenden Verlauf.

Bei Stress, da bin ich ganz bei meiner Oma, hilft auch gern Schokolade. Dabei muss sich kein Nahrungsmittel mit mehr Vorurteilen herumschlagen. Eine kleine Auswahl gefällig? Schokolade macht dick. Schokolade macht süchtig. Schokolade beruhigt. Schokolade wirkt anregend. Schokolade ist ein Aphrodisiakum. Schokolade schädigt die Zähne. Schokolade macht Pickel.

Letzteres zumindest dürfte widerlegt sein. Das Entstehen von Akne ist sehr zum Leidwesen aller Teenager noch nicht restlos geklärt, aber man weiß, dass die Hormone die wahren Bösewichter sind. Sie verdonnern die Hautzellen dazu, mehr Fettstoffe zu produzieren, die ihrerseits die schmerzenden und unschönen Pickel verursachen. Man weiß auch, dass bei einigen Menschen eine fettreiche Ernährung unter bestimmten Voraussetzungen Akne begünstigt. Zwar hat Schokolade einen Fettanteil von dreißig Prozent, aber daraus zu schließen, dass der Genuss von Schokolade Akne verursacht, wäre genauso unseriös, wie zu behaupten, Leberwurstbrote lösten Akne aus. Eine Tafel Vollmilchschokolade ist allerdings eine echte Kalorienbombe: Sie enthält etwa sechshundert Kalorien, so viel wie eine Currywurst mit Pommes. Damit ist auch die Frage beantwortet, ob Schokolade dick macht: Wer täglich ein halbes Kilo dieser Köstlichkeit verdrückt, muss sich über Fettpölsterchen nicht wundern. Ein bis zwei Riegel pro Tag hingegen können durchaus gesund sein und stehen einer abwechslungsreichen Ernährung nicht im Weg. Und auf die ebenso spannende Frage, ob Schokolade ein Aphrodisiakum sei (die Azteken waren davon überzeugt), antworten die Forscher trocken: An die Wirkung von Viagra kommt sie jedenfalls noch nicht ran. Doch so genau wollen wir das als Vater einer pubertierenden Tochter ohnehin nicht wissen.

Der Bratkartoffelmann

Bleiben wir noch eine Weile beim Thema Essen. Sie wissen, ich komme von der italienischen Seite des Lebens. Und deswegen gibt es hier einen sehr italienischen Tipp.

Vorab sei noch einmal daran erinnert, dass alles dahingeht. Wir haben es ja bereits geklärt: Sie werden eine Witzfigur, ein Weihnachtsmann. Ein bestenfalls lustiger Onkel mit Schrullen, über die man sich hinter Ihrem Rücken – oder auch direkt vor Ihnen – lustig macht. Und Sie können wenig dagegen ausrichten.

Aber das ist nicht immer und überall so. Denn es gibt einen unfehlbaren Trick, sich in den Herzen der Teenies einzunisten: Kümmern Sie sich am Abend ums Kochen.

Was mir letztlich in die Karten spielt: Ich habe die wohl einzige Italienerin geheiratet, die nicht gern kocht. Also bin ich dafür zuständig. Kochen ist ganz leicht; ich habe es auch nicht geglaubt. Inzwischen gibt es tolle Bücher, die es einem sehr einfach machen. Im Anhang habe ich ein paar gute Kochbücher erwähnt, die weiterhelfen. Aber hier kommt noch ein Tipp. Gehen Sie in Antiquariate und holen Sie sich Achtzigerjahre-Kochbücher. Da fehlen erstens die modernen Gerätschaften, die Sie möglicherweise noch nicht haben (Vakuumierer, Thermomix), zweitens die modernen molekularen oder allzu exotischen Zutaten, an die Sie sich nicht rantrauen. Drittens wurde damals noch ordentlich mit Butter und Sahne gekocht, verlässliche Zauberzutaten, mit denen man das Herz noch der chaotischsten Chaoten im Sturm erobert.

Es hat auch etwas Archaisches, der Beherrscher der Flammen zu sein. Man wird wieder zu jenem Papi, der Dinge kann, die die Teenies, als sie noch klein waren, nicht für möglich hielten. Das blubbernde Wasser, die fauchenden Flammen, das spritzende Fett – und Superpapi, kaum zu glauben, lebend und sogar lächelnd mittendrin!

Bei manchen Gerichten werden die Teenager doch noch zu kleinen Kindern, die mit vollen Backen selbstvergessen mampfen. Und Papi ist für ein paar Minuten wieder der Held, wie er es in der ganzen, glorreichen Kindheit für sie war.

Warum sind Jugendliche eigentlich so schlechte Esser?

Während man kleinen Kindern nahezu alles vorsetzen kann, zumindest in breiiger Form, sind größere Kinder und Teenager oft miserable Esser, wie auch wir zumindest bei unserer ältesten Tochter feststellen – dabei liebt sie Kochsendungen und will unbedingt mal bei Carlo Cracco, einem berühmten Mailänder Koch, der aussieht wie ein Held aus einem Italo-Western, zu Abend essen. Das geht aber schlecht, wenn man überhaupt keinen Fisch mag und auch sonst etwas etepetete ist.

In den USA warnt man bereits vor »SED«, der »Selective Eating Disorder«. Dabei muss man nicht immer gleich pathologische Gründe vermuten und es allzu hoch hängen. Jürgen Dollase aß bis zu seinem einundfünfzigsten Lebensjahr nur Fast Food und ist heute, mit achtundsechzig, Deutschlands bekanntester Gourmetkritiker. Und mein argentinischer Cousin, fünfundzwanzig, ernährt sich nur von praktisch Asado (dem typischen argentinischen Barbecue mit gewaltigen Fetzen Fleisch), Leberwurstbrot und Pommes, er isst weder Obst noch Gemüse, weder Fisch noch Meeresfrüchte, weder Pilze noch Käse – und hat es doch zu einem stattlichen, schlanken, gut aussehenden Piloten gebracht.

Die Evolution ist auf der Seite der Kinder: So half unseren Vorfahren ihr Geschmackssinn bei der Auswahl von Gut und Böse: Süßes, Eiweißhaltiges und Fettes deuten auf nützliche, energiereiche Nahrung hin. Bitteres und Saures dagegen könnte unreif, verdorben und sogar giftig sein. Diese Präferenzen sicherten unser Überleben. Und auch heutige Kinderzungen schmecken die Bitterstoffe im Gemüse. Aber keine Panik: Eine Studie der University of Tennessee wies nach, dass wählerische Kinder tatsächlich genauso schnell wachsen wie andere. Englische Forscherinnen beobachteten sogar: Sprösslinge, die beim Essen früh unter Druck gesetzt wurden, hatten häufiger Untergewicht als jene, bei denen Mama und Papa nicht ständig genörgelt hatten.

Hier kommen die Tipps: nicht nerven, sondern subtil insistieren. Kinder, die Erbsen zunächst ablehnen, essen diese schließlich doch, wenn sie ihnen an aufeinanderfolgenden Tagen weitere Male angeboten werden, wie die University of Illinois bewies.

Und: Wenn du ein guter Esser werden willst, umgib dich mit guten Essern – das wiesen die römischen Verhaltensforscher Elisabetta Visalberghi und Elsa Addessi an Kapuzineräffchen nach. Unsere Verwandten probierten umso eher extravagante Nahrungsmittel, je mehr Artgenossen anwesend waren, die ebenfalls davon naschten. Papa übrigens hat dabei offenbar weniger zu melden als Mama. Junge Meerkatzen übernehmen bestimmte Verhaltensweisen nämlich ausschließlich von älteren Weibchen, nicht aber von älteren Männchen. »Wird eine durch einen Schieber gesicherte Kiste mit einer Leckerei in das Gehege gestellt, dann macht sich bald das ranghöchste Gruppenmitglied darüber her«, erklärt der Kinderarzt und Ernährungsspezialist Herbert Renz-Polster. »Der Boss lernt meist schnell, den

Schieber zu betätigen. Natürlich beobachten die Jungen ganz genau, was da passiert. Lässt man sie aber in einem weiteren Experiment selbst an die Kiste ran, so zeigt sich, dass nur die Jungtiere aus den von Weibchen geführten Gruppen den Trick wirklich verinnerlicht haben: Ihnen gelingt es, die Kiste zu öffnen, jenen mit männlichen Chefs nicht.« Was uns zu der Frage führt: Warum sind die Frauen die Vorbilder und nicht die Männer? Beruhigend, dass das mit den Meerkatzen selbst zu tun hat. Während die Weibchen ihr Leben lang im Territorium bleiben, müssen sich die Männchen nach der Pubertät eine neue Gruppe suchen. Bei den Männern handelt es sich um Zugereiste, die das Revier nicht so gut kennen wie die Frauen. Es ist daher für den Nachwuchs klüger, sich an den Frauen statt an den Männern zu orientieren.

Zurück zu uns unbehaarten Affen. Allgemein gilt: Kinder und Pubertierende orientieren sich stark am Verhalten der Menschen in ihrem Umfeld und lernen von ihnen. »Wer die Essvorlieben seiner Kinder beeinflussen will, sollte vor allem eines beherzigen«, sagt Renz-Polster. »Von Natur aus ist Essen ein sinnliches Vergnügen. Damit dies bei unseren Kindern so bleibt, sollte man dem Thema weniger mit Ernst als mit Spaß und viel Toleranz begegnen.«

In der Schule

Die große weite Welt. Fern von Ihnen.
Es wird Probleme geben. Aber erinnern Sie sich:
Bei Ihnen lief es ja auch nicht immer rund, oder?

Der große Graben

Es ist die zweite große räumliche Abnabelung, die uns Vätern bevorsteht: Erst wird das Kinderzimmer zum Rückzugsort, dann nimmt die Schule immer mehr Raum ein – zeitlich, aber auch mental. Unsere älteste Tochter geht mittlerweile aufs Gymnasium in der nächsten Stadt, in vierzig Kilometern Entfernung; der Wecker klingelt entsetzlich früh, eine bittere Sache für einen Nachtarbeiter wie mich.

Diese Abnabelung schmerzt deshalb, weil sie so allumfassend ist. Die Grundschule war nah, klein und überschaubar, doch die Schule in der großen Stadt ist eine fremde Welt, für uns kaum zu begreifen. Werden wir je genau wissen, wie es dort unseren Chaoten ergeht? Nein, das werden wir nicht. Es ist ein nicht ganz einfacher Prozess, und das Beste, was wir tun können, ist, unsere Kids zu ermuntern, uns an ihren Abenteuern, im Guten wie im Schlechten, teilhaben zu lassen. Es ist beinahe ein Gefühl von Ohnmacht, das uns umflort. Mit der Grundschullehrerin hat man noch mitunter einen Espresso getrunken, wenn man sich zufällig im Dorf sah, doch wer sind diese geheimnisvollen Gestalten, die nun stundenlang vor unseren Töchtern stehen und ihnen die Laune für den Tag – oder für das ganze Jahr – verderben können?

Wir müssen die Zähne zusammenbeißen und durch diese

harte Zeit kommen. Auf den folgenden Seiten finden Sie allerdings ein paar Tipps, die dabei helfen könnten, das Ganze mit einem Lächeln durchzustehen.

Warum sind Pubertierende bloß immer so müde?

Sie werden es erleben: Die Chaoten kommen nicht nur schlecht aus dem Bett, sondern schlafen an schulfreien Tagen bis in den Mittag. Ich habe mich schon dabei ertappt, nachzusehen, ob meine Töchter überhaupt noch atmen.

Für diese gewaltigen Schlaforgien gibt es eine Erklärung: Unsere Pubertierenden stecken im »Sozialen Jetlag«, wie es der Basler Schlafforscher Christian Cajochen nennt. Die ideale Schlafdauer für Erwachsene liegt bei 8,2 Stunden, bei Jugendlichen sind es eher 9 Stunden. Ein typischer Teenie geht um Mitternacht ins Bett und steht um halb sieben wieder auf, weil er zur Schule muss – und das ist viel zu wenig. Eine Umfrage belegt, dass die Hälfte aller Jugendlichen am Wochenende um ein Uhr mittags noch im Bett liegt, um ihr Schlafdefizit auszugleichen. Und warum gehen die Pubertierenden nicht einfach früher ins Bett? Klar: Weil sie noch nicht müde sind. Die natürliche Einschlafzeit, berichtet Cajochen, verschiebt sich ab dem zwölften Lebensjahr um zwanzig Minuten pro Jahr nach hinten. Es sei nicht gesund, gegen den Schlaf-Wach-Rhythmus »anzuleben« (ein offenbar schweizerdeutsches Verb, das mir ganz außerordentlich gefällt). Deshalb empfehlen viele Schlafforscher, den Schulanfang später zu legen. Halb neun oder neun ist besser als acht oder halb acht. Der deutsche Sprachraum ist dennoch eine Kultur der Frühaufsteher geblieben, während in anderen Ländern wie England, Frankreich, Italien,

Spanien, Finnland oder den USA die Schule ebenso spät anfängt wie das Arbeitsleben der Erwachsenen. Caljochen glaubt, dass man in Deutschland am »sleep machismo« leide, dem falschen Heroismus, dass derjenige, der wenig Schlaf zu brauchen vorgibt– »die Sonne hat mich noch nie im Bett erwischt« –, als besonders leistungsfähig gilt. Das stimmt aber nicht, denn wer wenig schläft, leistet auch weniger. (Obwohl die Eroberungszüge des Vier-Stunden-Schläfers Napoleons bis zu dieser dummen Idee mit Russland eine ziemlich monumentale Leistung waren.) Eine US-Studie beweist, dass ein um eine halbe Stunde späterer Schulstart positive Effekte auf die Stimmung der Schüler und auf die Schulnoten hat. Kurzum: Es wäre Zeit für eine Bürgerinitiative der sinnvollen Art.

Ventil Viktor

Die Schule wird für die meisten Teenager der wichtigste Ort der Welt, im Guten wie im Schlechten. Sie schmieden neue Freundschaften, lernen ihre erste Liebe kennen, geraten unter Leistungsdruck, müssen verdammt viel tun. Und sie verbringen beinahe die Hälfte ihrer wachen Zeit dort. Es tut gut, ein Ventil zu erschaffen, das etwas Druck vom Kessel nimmt. Und dazu gibt es Viktor.

Viktor ist der Held meiner Töchter. Dabei kennen sie ihn gar nicht. Sie wissen nicht einmal, wie er aussieht. Und doch gibt es viele Abende, an denen beide an mich heranrücken und mich händeringend betteln, doch noch etwas von Viktor zu erzählen. Auch ihren Freundinnen, die zu Besuch sind, muss ich immer wieder von Viktors Abenteuern berichten. Viktor war in meiner Klasse von der 7b bis zur 10b, also in ziemlich genau jener pubertär umrissenen Phase zwischen zwölf und sechzehn. Er war mein Freund, bis ich ihn durch fortgesetztes Sitzenbleiben verlor. Viktor war der König jener Dinge, die Streiche zu nennen beinahe beleidigend wäre. Nein, Viktors Aktionen, die er stets als Einzelkämpfer plante und durchführte, stürzten mehr als einmal die gesamte Schule ins Chaos. Fangen wir gleich mit einem Geniestreich an. Unsere Schule lag in der Innenstadt, und Lehrer, die mit dem Auto kamen, mussten einen für sie reservierten Parkplatz ansteuern. Eines Tages verschloss Viktor am frühen Morgen die Eingangsschranke mit einem von irgendwoher organisierten Motorradschloss. Das führte nicht nur zu einem interessanten Rückstau mit wohl dreißig Fahrzeugen, sondern sorgte auch für den Ausfall der ersten beiden Stunden, von denen eine für uns eine fiese Chemieprüfung bereitgehalten hätte. Apropos Chemie: Die Räume für Physik und Chemie waren, vom Rest der Schule getrennt, in einem Nebentrakt untergebracht. Möglich, dass Sicherheitsgründe dabei eine Rolle spielten. Viktor, diese Ein-Mann-Sabotagetruppe, hatte schnell herausgefunden, wie man jede verhasste Chemiestunde verlässlich fünf bis zehn Minuten später beginnen lassen konnte: Er brachte einen Stecker mit, dessen beide Pole miteinander verbunden waren. Sobald es zur Stunde läutete, sorgte Viktor damit verlässlich für einen Kurzschluss im gesamten Trakt, was den extrem methodischen Chemielehrer Doktor Hagen mit seinen auf die Minute durchgetakteten Lektionen bald in den Wahnsinn trieb. Kurzum: Man kann wohl kaum damit rechnen, dass in den nächsten Jahren der Nobelpreis in Chemie an einen ehemaligen Schüler unserer Schule geht.

Für fünf Mark aß Viktor tote Wespen, und er brachte Knallkörper an der Tafel an, die beim Aufklappen explodierten. Einmal zerstach er einen prall gefüllten Luftballon. Klingt wie ein

Kleinkinderstreich, aber Sie müssen sich die verblüffende Wirkung des plötzlichen Lärms in einem steinalten stillen Klassenzimmer vorstellen. Es klang wie ein Gewehrschuss, und ich bin mir sicher, dass so manche Unterhose vor Schreck einen Tropfen abbekam. Viktor bediente alle Sinne. Für einen Lehrer, von dem es hieß, dass er Knoblauch verabscheue, rieb Viktor einmal hingebungsvoll den gesamten Klassenraum mit Knoblauchzehen ein, und die Französischlehrerin (gerüchteweise unter Baustauballergie leidend) bekam ein zur Gänze damit überzuckertes Pult präsentiert, und als das nichts nützte, schüttete Viktor ihr Fischöl auf die Jacke.

Die Zeit der achten Klasse war von Wasserbomben geprägt, die Viktor aus dem Fenster warf. Natürlich nicht wahllos, sondern auf die ältesten und fiesesten Mitschüler. Was daran heikel war: Wir waren, als das günstige Eckfenster über dem Nebeneingang zu unserem Klassenraum gehörte (jedes Jahr zog man woandershin), der zweitjüngste Jahrgang des Gymnasiums. Ärger mit den älteren Semestern bedeutete automatisch ein herzliches Willkommen im Reich der Schmerzen. Nach jedem Volltreffer kamen die nassen Großen hereingestürmt und schnappten sich den Erstbesten. Es war allerdings nie Viktor, sondern immer der bedauernswerte Marco, der meist gegen die Wand gedrückt wurde und gestehen sollte, aber er hatte nie etwas gesehen, da er in den Pausen mit dem Abschreiben von Hausaufgaben beschäftigt war. (Und selbst darin war er nicht besonders gut.)

In der Neunten bekam unsere Klasse ein Erdgeschoss-Zimmer, doch Viktor ersann ein neues, faszinierendes Spiel. Kurz vor dem Ende der Pause drapierte er einen vollen Joghurtbecher so vor den Eingang, dass er leer aussah. Und irgendeiner fand sich immer, der beherzt dagegen trat, um sich und alle

Umstehenden mit Joghurt zu besudeln. Es war immer wieder ein großartiger Anblick, und noch heute sehe ich wie in Zeitlupe die aufstiebende Joghurtwolke, den verblüfften Blick des Treters und das Entsetzen der Getroffenen.

Bei der Fischöl-Französischlehrerin lieferte Viktor schließlich sein Meisterwerk ab. Wir hatten eine Doppelstunde und sahen einen Lehrfilm. Die Fünfminutenpause, in der die Französischlehrerin zum Rauchen und Weinen ins Lehrerzimmer verschwand, nutzte Viktor, um die VHS-Kassette auszutauschen. Gegen einen Pornofilm. Wir reden hier von den unschuldigen Karl-Dall-und-Dolly-Dollar-Pornos aus den späten Siebzigerjahren, mit Dialogen wie dem folgenden: Karl Dall steht auf einem Balkon, unten geht Dolly Dollar vorbei, mit einem Kätzchen im Arm. Dall: »Darf ich mal Ihre Pussy streicheln?« Dollar: »Ja, gern, wenn Sie so lange meine Katze halten.« Aber immerhin. Es war ein großartiger Moment in der Geschichte unserer Schule. Zumal die Französischlehrerin den VHS-Rekorder nicht bedienen konnte und sich von uns helfen lassen musste, was entsprechend dauerte.

Diese Anekdote war zum Weitererzählen, zugegeben, sehr heikel. Ich habe für meine Töchter aus dem Porno- einen Zombiestreifen gemacht.

Dank Viktor lebten wir wie in einem Lausbuben-Film der Fünfzigerjahre. Wobei es auch Scherze jener Art gab, die in einem Lausbubenfilm sicher nicht vorgekommen wären. Als unsere Schule das 575-jährige Jubiläum mit einem mittelalterlichen Markt feierte (ja, es ist eine richtig alte Schule – jene, die den Fußball nach Deutschland brachte) und wir uns alle albern verkleiden mussten, schenkten wir als 9b, welcher die Kaffee- und Teeversorgung oblag, an unserem Stand heimlich Heißgetränke mit Schuss aus, denn Viktor hatte eine Flasche Rum von daheim mitgebracht. Die Schlangen, die sich schnell bildeten, fand niemand verdächtig, und unsere Einnahmen übertrafen unsere verbiesterten Konkurrenten von der 9a (belegte Brötchen) und die Popperklasse 9c (Strick- und Häkelwaren) um ein Vielfaches.

Wir hatten einen grauenhaften Biologielehrer, einen echten Mistkerl. Aus nichtigen Gründen verteilte er Sechsen und Klassenbucheinträge, kujonierte jeden auf mieseste Art, und irgendwann schoss er sich auf Viktor ein, dem das alles wenig auszumachen schien, während wir doch ziemlich geschockt waren von so viel offener und, wie wir fanden, unverdienter Feindschaft. Einmal wies er Viktor zu Beginn der Stunde vor die Tür. Nach zehn Minuten holte er ihn rein – er solle die Tafel putzen. Dann wurde er wieder rauskommandiert. Einmal aber schickte der Biologielehrer ihn raus, wollte ihn für irgendeine niedere Arbeit wieder reinholen – und fand ihn nicht mehr. Er war in den *Zapfhahn*, unser Lieblingscafé gegangen.

Beim nächsten Mal musste Viktor, des Klassenraums verwiesen, die Klinke nach unten drücken, als Beweis seiner Anwesenheit auf der anderen Seite. Bald aber winkte er uns von draußen zu. Wir blickten verblüfft die Klinke an, die nach wie vor heruntergedrückt war. War er, wie so manche Heiligen des Christentums, zur Bilokation fähig? Nein, die Klinken unserer alten Schule waren hübsch geschwungen, und Viktor hatte ganz einfach seinen Ranzen daran gehängt. Weil die Tür auch etwas knarzig war, sprang sie nicht auf – ein Geniestreich. Irgendwann flog dieser Trick auf, und der Biologielehrer drohte mit allen erdenklichen Konsequenzen, sogar dem Rausschmiss von der Schule. Trotzdem: Wir lachten noch Wochen später Tränen.

All diese Geschichten muss ich fast täglich zum Besten geben, und je mehr ich sie erzähle, desto mehr weitere Streiche fallen mir ein. Vier gemeinsame Schuljahre sind ja auch eine lange Zeit.

Warum Viktor für meine Töchter so wichtig ist? Ich kann es nur ahnen, aber ich glaube, das Beste, was man mit seinen Kindern tun kann, besteht darin, den Druck aus diesem ganzen schulischen Gewese herauszunehmen, der das ganze Leben durchwabert, auch die Wochenenden, auch die Ferien. Für eine Fünzehnjährige ist die Schule das Zentrum der Welt, ein schwarzes Loch, dessen Gravitationszentrum alle Gedanken an sich heranzieht und kaum ein flüchtiges Träumen oder einen verbummelten Nachmittag ermöglicht. Wir Eltern sind außen vor, können kaum Einfluss nehmen, sind beinahe hilflos. Was wissen wir schon von fiesen Lehrern, gemeinen Mitschülern, subtilem Leistungsdruck? Doch wenn die Tochter weiß: Hey, da ist auch noch eine leichte Seite, Noten sind nicht alles, und es gibt auch noch ein Leben neben den Tests, dann nimmt das vielleicht ein wenig Hitze aus dem System. Ihr das einfach so zu sagen, ist nutzlos, belehrend und albern. Ihr das anhand von Viktor zu zeigen, ist der bessere Weg. Vielleicht braucht jeder Pubertierende so etwas: einen realen Viktor.

Wissen Sie was? Nehmen Sie einfach den Burschen und die Anekdoten von mir, Ihr Nachwuchs wird es nicht merken, und er wird glücklich sein. Ein bisschen von dem wilden Glanz fällt dabei auch auf Sie ab, denn Sie waren ja der beste Kumpel von Viktor und haben bei den Streichen assistiert. So steigen automatisch auch Sie in der Achtung Ihres persönlichen Chaoten.

Eine Pointe, wie sie kein Aaron Sorkin oder Terence Winter besser hätte schreiben können: Nach all den Erzählungen, die ich meinen Töchtern präsentierte, interessierte es mich irgendwann selbst, was aus Viktor geworden war. Ich fand ihn schließlich auf Facebook, was nicht so einfach war, wie es klingt, trägt er doch einen deutschen Top-Ten-Nachnamen. Jedenfalls ist er jetzt Ingenieur bei Volkswagen.

Ob er etwas mit dem Abgasskandal zu tun hatte, fragen Sie? Natürlich nicht – ein Viktor hätte sich beim Schummeln niemals erwischen lassen.

* * *

Nachtrag: Die geschilderten Streiche sind zugegebenermaßen mehr als grenzwertig und überschreiten teilweise deutlich die Lausbubengrenze (und die Geschichte mit dem Zucker im Tank des Biologielehrers habe ich sogar noch rausgestrichen). Ich erzählte sie der Englischlehrerin meiner ältesten Tochter, die kaum fassen konnte, dass Viktor damit durchkam. Heute, so versicherte sie, würde wohl die Polizei hinzugerufen. Wir hatten in den Achtzigerjahren einfach großes Glück, dass man uns unglaublich viel durchgehen ließ – vermutlich zu viel. Unsere Lehrer, von den 68ern geprägt, erzogen uns im antiautoritären Geist, und letztlich sind ja aus allen von uns brave, steuerzahlende, kritisch denkende Menschen mit astreinem Führungszeugnis geworden. Dennoch hätte ein Viktor heutzutage weniger Chancen (und bekäme wohl auch weniger Applaus). Und das ist vielleicht ganz gut so.

PROBLEM NR. 5:
Ihr Teenager hat keine Lust mehr auf Schule.

Dieses Mal liegen die Experten Joachim Braun und Kirsten Khaschei goldrichtig, wie ich finde. Man solle, schreiben sie, weniger Druck und Kontrolle ausüben und stattdessen Verständnis für die Probleme zeigen, die Schülerinnen zu bewältigen haben, zudem gilt es, ihnen Mut zu machen, dass es ihnen gelingt. »Loben Sie sie, wenn ihre Zensuren gleichbleibend sind oder sich verbessern, und bieten Sie Ihre Unterstützung an, wenn sich die Zensuren verschlechtern.« Okay, darauf wäre man möglicherweise auch selbst gekommen. Die beiden Autoren raten auch dazu, der Tochter ein positives Bild vom Lernen zu vermitteln. »Hören Sie sich Vorträge Ihrer Tochter an, unterstützen Sie ihre Neugier, und etablieren Sie Wissen und Bildung als einen Wert, für den es sich anzustrengen lohnt.«

Damit bin ich völlig einverstanden. Es hat noch nie jemandem geschadet, auch bei sterbenslangweiligen Fabeln Interesse zumindest vorzutäuschen, und in einigen Fächern kann man ja sogar noch selbst ein paar interessante Dinge beitragen. Generell muss man den Teens ein bisschen Abenteuergeist vermitteln. Auch hilft es, wenn wir unseren Teenies immer wieder klarmachen, dass Noten nicht alles sind. Oft stammen schlechte Noten aus einer Verweigerungshaltung. Und vielleicht wird die eine oder andere glücklicher als Köchin, Schreinerin oder Kindergärtnerin, statt als Anwältin, Ärztin oder Vermögensberaterin zu schuften. Der Satz »Mein Kind soll es mal weit bringen« sagt nämlich mehr über Sie aus als über Ihr Kind.

Vor dem Display

Die wichtigsten Quadratzentimeter der Pubertät.
Lernen Sie, damit umzugehen.

Virtuelle Fettnäpfchen

Wie lautet das WLAN-Passwort? Es gibt Tage, da ist dies das Einzige, was Ihr Teenie jetzt noch von Ihnen wissen will. Es ist auch das einzige Mal, dass er Ihrer Antwort sehr genau zuhört – genießen Sie es.

Die Zeiten haben sich geändert, vielleicht radikaler, als es je von einer Generation zu einer anderen geschah, denn die sozialen Medien eröffnen ganz neue Minenfelder. Facebook ist derzeit nicht mehr angesagt, aber das kann sich ganz schnell wieder ändern. Die Kids sind eher auf Instagram und Snapchat unterwegs. Die Minenfelder gefährden natürlich insbesondere den innerfamiliären Frieden. Es gibt nichts Peinlicheres, als die Instagram-Fotos der Tochter zu liken. Denn die Freundinnen Ihrer Tochter könnten ja denken, Ihre Tochter jage so verzweifelt nach Likes, dass sie sogar die eigenen Eltern einspannt. Auch wenn sie einem tolle Fotos zeigt, dann achtet sie genau darauf, dass Papa bloß nicht die Schaltfläche berührt, etwa – Kardinalfehler bei Instagram – um das Foto zu vergrößern. Das Ergebnis ist nämlich der gefürchtete Klick, und schon hat man bzw. in diesem Fall die Tochter das Foto mit einem Herzchen versehen. Nicht auszudenken, wenn sie Ihnen nur in einem vertrauten Moment den süßen Kerl aus der Achten zeigen wollte und nun, für immer und ewig (das Internet vergisst nichts, heißt es) ihm praktisch seine Liebe gestanden hat!

Niemand kann bestreiten, dass die Technik viele gute Seiten für uns Eltern hat. Früher krähten die Kinder nach zwei Minuten Autofahrt: »Wann sind wir endlich da?« Heute ist Ruhe im Fond. Manchmal muss man sogar noch einmal um den Block fahren, weil das Hörbuch gerade so spannend ist oder ein neuer Solitaire-Rekord auf dem iPad bevorsteht. Und falls die Töchter einschlafen, wachen sie genau in jenem Moment wieder auf, wenn sie keine Roaming-Gebühren mehr fürs Surfen auf dem Handy zahlen müssen. Die Kids haben dafür einen sechsten Sinn.

Und: Die Teenies sind inzwischen viel cleverer als wir. Sie richten einem den Computer ein und erklären, wie man auf Instagram ein Bild bearbeitet (und welche Filter dabei allzu offensichtlich sind). Sie wissen, wie man peinliche Posts rückstandsfrei löscht, und Sie wissen, welche Selfie-Pose gerade schwer angesagt ist: Nach dem »Duck Face« (Knutschmund), dem »Fish Gape« (leicht geöffnete Lippen wie ein Karpfen) und dem »Sparrow Face« (Augen weit aufgerissen, Lippen gespitzt) wird beim Schreiben dieser Zeilen dem Tyrannosaurus Rex gehuldigt. Und so geht das »T-Rex-Selfie«: Die Hände müssen mit aufs Bild, wie zufällig nah am Gesicht und möglichst in leichter Krallenhaltung, um die langen Nägel besonders gut zur Geltung zu bringen. Übrigens sorgt der Selfie-Wahn laut einer Studie der Uni Utrecht für eine neue Läuseepidemie. Das dauernde Geknipse eng an eng mit den Freundinnen biete perfekte Übertragungswege.

Meine Töchter wissen auch, wie Bezahlfernsehen funktioniert, wie man Wunschlisten anlegt und seine Lieblingsserie immer abrufbar hat. Und wenn nicht, gibt es ja Onkel Paolo.

Wie gesagt, hat meine Tochter es mir strikt verboten, ihre Fotos auf Instagram zu liken. Ich like natürlich trotzdem alles fleißig und nehme dann die Rolle des rebellischen Teenagers ein, der die vereinbarten Familienregeln spektakulär unterläuft, auch auf die Gefahr hin, den Binnenfrieden nachhaltig zu gefährden; ein interessanter Rollentausch. Manchmal muss man sich eben auch mit seinem sturen, bockigen, väterlichen Willen durchsetzen.

Die Hilflosigkeit der Ratgeber

Wir wissen, dass wir nichts wissen. Die Psychologie ist keine fest umrissene, exakte Wissenschaft, auch wenn Psychologen widersprechen werden – aber solange es noch Vertreter dieses Berufsstandes gibt, die glauben, von der Handschrift auf den Charakter schließen zu können, müssen wir nicht ernsthaft darüber diskutieren. Weil Menschenversuche erstens in großem Maße kaum durchzuführen und zweitens glücklicherweise weitgehend verboten sind, werden wir nie genau wissen, wer mit seinen Erziehungstipps recht hat. Um beispielsweise ganz sicher zu sein, ob bei rebellischen Kindern und Jugendlichen eine restriktive, verbotslastige oder eine liebevolle, freundschaftliche Erziehung sinnvoller wäre, müsste man ein paar Tausend Kinder mitsamt Eltern und sonstigen Bezugspersonen in eine rund um die Uhr zu beobachtende Kunstwelt à la »Truman Show« wegsperren und über Jahre hinweg wie oben beschrieben behandeln, um belastbare Ergebnisse zu bekommen. Eine albtraumhafte Vorstellung.

Obwohl wir also alle im Ungefähren stochern, ist die Welt voller Menschen, die kluge Ratschläge erteilen. Einer der anerkanntesten Experten ist Jesper Juul. Jesper Juul – der Name rollt so sanftmütig dahin, dass er erfunden klingt. Dann ist er auch noch Däne, und Skandinavien genießt ja in gewissen deutschen Milieus einen mythischen Ruf, es scheint ein Gebiet, in dem Milch und Honig fließen, wo antiautoritär erzogen wird und jedes Schulkind mit Computern aufwächst.

Ein bisschen erinnert der Name Jesper Juul an Harald Schmidts grandiose Kunstfigur Peer Theer; jedenfalls kann es für einen Therapeuten keinen besseren Namen geben. Ich mache mich keineswegs über einen geschätzten Kollegen lustig und empfehle seine Bücher ausdrücklich. Juul kommt eher von der verständigen Seite und hat dafür meine vollen Sympathien. Hoffentlich hat er aber auch ein autoritäres Korrektiv wie meine Schwiegermutter im Haus, denn allzu viel Juul kann auch schnell schiefgehen.

Juul glaubt an vier Säulen: Gleichwürdigkeit (man möge auf Augenhöhe miteinander reden), Integrität (jeder möge sein Bestes tun, die Grenzen der anderen zu respektieren), Authentizität (die Eltern müssen lernen, auf Kontrolle zu verzichten) und Verantwortung (die Eltern müssen akzeptieren, dass die Pubertierenden neue Rollen einnehmen). Wenn Sie mich fragen: Da ist ganz schön viel zu tun für die Eltern, die offenbar Heilige sein müssen. Besonders diese Sache mit der Authentizität schmeckt mir nicht. Ich blamierte mich damit einmal furchtbar bei einem Vortrag, als ich das Wort einfach nicht sauber über die Lippen brachte (ich bin keine Rampensau), seitdem hasse ich die Authentizität. Das bloße Tippen dieses Wortes bereitet mir Mühe. »Man sollte sich darüber im Klaren sein, dass die Chance, belogen zu werden, mit der Anzahl an Verboten steigt«, erklärt Juul noch, was allerdings ziemlich nach *appeasement* klingt. In der Konsequenz hieße das ja, praktisch alles um des lieben Friedens willen zuzulassen.

Viel näher steht mir da schon Remo Largo (schon wieder so

ein toller Name), der erstens selbst drei Töchter großgezogen hat und zweitens für eine klare Kante plädiert: Mit einer Laisser-faire-Haltung mache man sich unglaubwürdig und verderbe im schlimmsten Fall das Kind. Es gewöhnt sich daran, immer bestimmen zu können, dass es keine Grenzen gibt, und es entwickelt die Erwartungshaltung, dass das Leben außerhalb der Familie genauso weitergehen wird. Im ungünstigsten Fall lernen die jungen Erwachsenen nie, sich sozial zu integrieren. Mit Schreck denke ich an so manche Beispielprodukte der antiautoritären Erziehung.

Seiner Erfahrung nach ist der Abnabelungsprozess zwischen Vätern und Töchtern am heftigsten, was ich glücklicherweise nicht bestätigen kann. Er hält viel davon, Jugendlichen Verantwortung zu übertragen, etwa auf die kleinen Geschwister aufzupassen oder sich um die kranke Großmutter zu kümmern. Viele Teenager würden regelrecht aufblühen und ein gesteigertes Selbstwertgefühl entwickeln. Hunde haben, vermute ich mal, zählt auch zu den wertvollen Aufgaben.

Außerdem gibt Remo Largo einen ebenso naheliegenden wie wichtigen Tipp: »Was Erwachsene für die Jugendlichen am ehesten glaubwürdig macht: Wenn Sie selber so leben, wie Sie es von Ihren Kindern erwarten.« Wer also von seinem Chaoten verlangt, ab und zu mal das Handy zur Seite zu legen, sollte ebenfalls nicht am frühen Morgen als Erstes die eingegangenen Mails und Likes checken – ein Thema, das uns elegant ins nächste Kapitel bringt.

Der Fortschritt überrollt uns alle

Denn jetzt kommt das Problem: Jesper Juul und nahezu alle Ratgeber, die derzeit auf dem Markt sind, wurden vor mindestens fünf bis acht Jahren geschrieben, zumeist sind sie noch älter. Neue Phänomene wie Snapchat, Instagram oder gar Tinder tauchen nicht auf, Facebook wird nur ganz am Rand erwähnt. Hier noch einmal für alle: Die vielleicht größte technische Veränderung, die Jugendliche (und Erwachsene) in der Menschheitsgeschichte durch das schnell und überall verfügbare Internet erleben, ist in keinem Pubertätsratgeber entsprechend berücksichtigt.

Jesper Juul gründete sein »familylab International« im Jahr 2004, die deutsche Dependance entstand 2006. Bestimmt bekommt man hier gute Ratschläge, aber: Ich würde wenig auf Ratgeberbroschüren geben, die vor dem Jahr 2014 verfasst sind. Zur Erinnerung: Das iPhone gibt es erst seit dem Jahr 2007, und erst ab etwa 2012 besitzen auch fast alle Jugendlichen ein Smartphone; das Smartphone wurde vom Luxusobjekt zum völlig normalen Gebrauchsgegenstand. Siebenundneunzig Prozent aller Teenager besitzen eines, 93 Prozent benutzen es täglich. Noch erstaunlicher: Zweihundertzwanzig Minuten online pro Tag sind inzwischen der Durchschnittswert.

Wissenschaftlich belastbare Erfahrungswerte über das, was das Smartphone mit Teenagern macht, sind zu diesem Zeitpunkt schlicht nicht verfügbar. Sie werden es für viele Jahre nicht sein. Und selbst dann bleibt alles noch höchst unklar, wie immer im psychologischen und psychotherapeutischen Bereich.

Hier kommt meine Meinung. Wie es schon über ein anderes Medium hieß: Das Fernsehen macht die Klugen klüger und die

Dummen dümmer. Man selbst weiß immer am wenigsten, auf welcher Seite des Grates man wandert, aber man sollte die Kinder dahin gehend stimulieren, das ständig präsente Internet sinnvoll zu nutzen. Es stimmt, Teenager haben das Smartphone ständig im Anschlag (ich sehe es ja bei den Pizzaorgien im Anschluss an die Volleyball-Matches), dennoch wird gleichzeitig munter geschnattert und geplaudert. Klar, man zeigt sich hier mal ein Foto und dort mal ein Filmchen, aber das war es dann auch. Bedenklich wäre es wohl eher, wenn alle schweigend auf flimmernde Mini-Displays starrten.

Wie ernst die Lage ist, zeigt vielleicht folgendes kleine Detail: In vielen Ratgeberbüchern, auch den aktuellen Auflagen, wird Facebook kursiv geschrieben, als wäre es eine exotische Krankheit. Firmen wie Nike, Adidas und Zara dagegen werden ganz normal geschrieben, dabei ist Zuckerbergs Firma längst mehr wert als diese drei zusammen. Und überall ist noch von »SMS« die Rede, dabei schreibt kein Teenager mehr die klassischen SMS, sondern kommuniziert via WhatsApp und in dort angelegten Gruppen – ein Thema, das nirgends vorkommt.

Immer wird beispielsweise davon geredet, bestimmte Netz-Kontingente einzuführen – auch Jesper Juul plädiert dafür –, aber der Zug ist längst abgefahren. Das Internet ist wie die kosmische Hintergrundstrahlung: irgendwie überall und ganz sicher nicht mit gut gemeinten Kernzeiten einzuschränken. Wir sehen die Veränderung ja an uns selbst: Wenn eine Nachricht via WhatsApp eintrifft, reagieren wir meistens sofort, statt zwei Stunden zu warten, um sie zu beantworten.

Es ist auch rührend, dass man die Kinder vor den Gefahren des Internets warnen soll. Mag sein, und findet bei uns in der Familie auch statt. Meine Frau warnt die Töchter mit Vorliebe vor dem ewigen Gedächtnis des Netzes, ich warne vor freizügigen Fotos. Nun ist es aber so: Nach meiner Erfahrung haben es die Pubertierenden längst viel besser verstanden als wir, und ich sehe nur Erwachsene, die im Netz peinliche Fehler begehen, nie aber Teenager. Wie viele meiner Freunde haben beim Stalken auf Facebook den Namen schon in die »Was machst du gerade«-Zeile und nicht in die Suchleiste eingegeben? Ein Fehler fürs erstklassige Fremdschämen. Und von all meinen Ü40-Freunden, die ihre eigenen Postings mit »Gefällt mir« versehen, will ich gar nicht reden.

In der WhatsApp-Gruppe der Eltern der Klasse der Jüngeren hatte neulich ein Vater Hardcore-Pornos hochgeladen. Und sich anschließend entschuldigt; sie seien für eine »andere Gruppe« bestimmt gewesen. Es sind nicht die Kinder, die wir vor den Gefahren der sozialen Medien schützen müssen.

Im Übrigen sehe ich auch ganz deutlich die positiven Seiten der ständigen Erreichbarkeit. Unsere Familie ist unter der Woche durch meine Pendelei und beruflichen Reisen sowie den Ganztagsunterricht der Kinder auf verschiedenen Schulen in verschiedenen Orten ziemlich zerrissen. Wir haben aber eine WhatsApp-Gruppe, auf der wir uns täglich ein paar Nettigkeiten schicken. Die Kinder machen dabei genauso eifrig mit wie wir.

PROBLEM NR. 6:
Das soziale Leben Ihres Teenagers findet nur noch auf dem Handy statt.

Experten – darunter Jesper Juul, aber auch andere – fordern von den Eltern eine konsequente Vorbildfunktion sowie feste Medienzeiten, in denen im Internet gesurft werden darf. Auch müsse es

Tabuzonen geben, etwa am Esstisch beim gemeinsamen Essen oder im Bett.

»Medienzeit« – viel Glück dabei. Handys sind ein Alltagsgegenstand wie die Armbanduhr geworden. Verbote bringen nichts, und bedenken Sie: Ich bin mir sicher, dass gegen Ende des 19. Jahrhunderts, als Bücher für jedermann erschwinglich wurden, Eltern darüber klagten, ihre Kinder hätten ihre Nase nur noch im Buch und würden sich vom wirklichen Leben abschotten.

Dennoch hat Jesper Juul in einem Punkt recht: Wer als Vater selbst dauernd aufs Handy starrt, es nach dem Aufstehen als Erstes anwirft, es mit aufs Klo nimmt, bei einer Rotphase an der Ampel kurz die News checkt und auch abends beim Einschlafen rauf- und runterscrollt, der sollte sehr vorsichtig sein, dem Nachwuchs kluge Ratschläge zu erteilen. Hier ist es wichtig, als Vorbild zu dienen und das Handy vom Esstisch zu verbannen – und zwar zuallererst das eigene, und dann das des vermeintlichen Chaoten.

Terror via WhatsApp?

Einmal im Jahr kommt ein Uniformierter an die Schule meiner Tochter. Er ist von den Carabinieri, und er steht mit großem Ernst da, weil es um ein wichtiges Thema geht. Von den vielen uniformierten Gruppen, die in Italien für so etwas wie Recht und Ordnung sorgen, sind die Carabinieri die harten Jungs – die für die ganz schweren Straftaten. (Genau genommen, sind sie auch keine Polizei, sondern eine Militäreinheit, worauf sie großen Wert legen, aber diese Feinheit soll hier keine Rolle spielen.)

Mobbing ist sein Thema, ein Riesenthema, in Deutschland wie in Italien, und die Schulen tun alles, um dagegen vorzugehen. Und das ist auch gut so.

Bloß dieses ganze Gerede, dass durch die sozialen Medien Mobbing eine neue Dimension gewonnen habe, finde ich merkwürdig. Alle nicken, wenn ein Experte das behauptet. Aber ist das so?

Ohne das Thema hier herunterspielen zu wollen, habe ich wieder einmal das Gefühl, dass hier Erwachsene über Dinge reden, von denen sie relativ wenig verstehen.

Der wichtigste Punkt ist der, dass ein unbedachtes Wort oder eine Beleidigung in den sozialen Medien »bleibt«, gar »für immer« bleibt, während es sich früher halt irgendwie verflüchtigte. Wie bereits erwähnt, ist meine Frau eine derjenigen, die unerbittlich vor diesen Folgen warnt.

Aber ich weiß nicht, ob das so stimmt. Mir ist auch heute noch in Erinnerung, wer mich gemobbt hat (es waren glücklicherweise sehr wenige), und ich weiß auch noch gut, wer mich verprügelt oder gehänselt hat. (Das waren schon ein paar mehr.) Und mir laufen Schauer über den Rücken, wenn ich an die Situationen denke, in denen ich etwas Beleidigendes dahergesagt habe. An diese Situationen kann ich mich fast noch besser erinnern.

Ja, aber bei einer »SMS« (sic!), so die Experten, könne man ja noch Jahre später … Das überzeugt mich nicht. Der ungeheure Strom von WhatsApp-Nachrichten ist ein ungebremstes, banales, vielstimmiges Geplauder, ein nicht enden wollender Strom von gewaltigen Ausmaßen, in dem auch böse Sätze ganz schnell in den Strudel der Vergessenheit gerissen werden. Selbst wenn sie theoretisch noch irgendwo stehen.

Wörter werden nicht auf die Goldwaage gelegt, so wie wir

Erwachsenen das denken, weil wir nur drei Kurznachrichten pro Tag verschicken und sehr viel Wert auf genaue Wortwahl legen. Die Kids bekommen und verschicken Hunderte Satzschnipsel pro Tag. Da geht ein böses Wort genauso unter wie früher im Schulhoflärm.

Nach einer Studie der University of Virginia von 2017 scheint Bullying oder Mobbing – auch Online-Mobbing! – an den Schulen sogar abzunehmen. Die Forscher beobachteten eine deutliche Abnahme seit dem Jahr 2005. Die Wissenschaftlerin Catherine Bradshaw bemerkt dazu, dass über Mobbing in den letzten zehn Jahren sehr viel berichtet wurde, als Ergebnis glauben die Menschen, es sei ein akuteres Problem, als es tatsächlich ist.

Auch hier gilt wie für viele Themen in diesem Buch: Es ist halb so wild, und wir sollten nicht gleich panisch werden.

Ich kenne natürlich die Horrornachrichten von Teenagern, die in den Suizid getrieben werden, weil Nacktfotos oder -videos von ihnen auf dem Schulhof kursieren. Ich bin mir nie sicher, was wirklich dahintersteckt. In jedem Fall liegen wir wohl nicht falsch, wenn wir unseren Töchtern, aber auch den Söhnen sehr deutlich machen, dass sie sich niemals, wirklich niemals in eindeutiger Haltung oder Posen fotografieren lassen sollen. Diese Regel hatte sicher auch schon vor dem Internet seine Gültigkeit.

Noch einmal: Mobbing soll hier nicht kleingeredet werden, aber wir müssen nicht über jede Hänselei in Panik verfallen. Wir sollten unseren Teenies zudem klarmachen, dass das Leben voller Widrigkeiten ist, dass es Menschen gibt, die sie nicht mögen werden, und dass sie damit umgehen müssen. Und dass sie ja immer uns haben. Und eine Familie im Rücken ist eine verdammt starke Armee.

PROBLEM NR. 7:
Ihr Teenager wird gemobbt.

Joachim Braun und Kirsten Khaschei empfehlen, bei jedem Fall von Mobbing innerhalb der Schule eine Lösung zu finden. Die Eltern sollten also mit den Lehrern, der Schulleitung und, sofern vorhanden, dem schulpsychologischen Dienst sprechen. Gespräche mit dem Schulpsychologen hätten eine stabilisierende Wirkung und würden verhindern, dass das Opfer die Schuld bei sich selbst sucht. Sie halten es für eine schlechte Idee, Kontakt zu den Eltern des Täters aufzunehmen: »Das verschlimmert die Situation für das Opfer meist.« Tätereltern wüssten in den häufigsten Fällen nicht, dass ihr Kind mobbt, und sie neigten dazu, entweder ihr Kind in Schutz zu nehmen beziehungsweise die Vorwürfe zu ignorieren, oder mit Strenge und Bestrafung zu reagieren. Beides habe zur Folge, dass die Täter die Aggressionen gegen das Opfer verstärken. Auch sei es eher schädlich, den Täter direkt anzusprechen. Das würde von den Tätern als Schwäche des Opfers empfunden, und sie »fühlen sich aufgewertet«. Anschließend würde das Opfer dafür bestraft, gepetzt zu haben.

Das sehe ich anders. Unsere Töchter wurden je einmal Mobbing-Opfer. Nichts Dramatisches, aber es gab eben doch Tränen, und es war eine sehr unangenehme Situation, zumal wir im einen Fall mit den Eltern der Täterin befreundet waren (und es auch noch sind).

Beim ersten Mal informierte meine Frau die Eltern und zeigte ihnen den Brief, den deren Tochter verfasst und in der Klasse herumgehen lassen hatte, beim zweiten Mal stellte meine Frau den Täter am Schulbus zur Rede. Beide Male war das Mobbing sofort und nachhaltig vorbei.

Wenn Ihre Tochter das Opfer ist, sollten Sie eine ganz breite

Brust machen und die Verantwortlichen konfrontieren. Zugegeben: In einer Kleinstadt geht das besser als in einer Großstadt. Aber Mobbing findet ja fast immer in eng umrissenen sozialen Zirkeln statt, in der Schule oder im Sportverein. Da sollte es schon möglich sein, ins Gespräch zu kommen.

Beim Sport

Eine Erziehungshilfe vom Feinsten.
Sie macht den Kids Spaß und Ihnen auch –
selbst wenn Sie Ihrem Auto ein paar Zusatzkilometer
abtrotzen müssen.

Volley-Daddy

Ich habe mich bemüht, sie zu Golferinnen zu machen, und bin gescheitert. Dabei habe ich es mir so schön vorgestellt, meine Töchter zu Jugendturnieren quer durch Italien zu begleiten und, während sie auf der Runde sind, selbst an meinem Spiel zu feilen. Tennis wäre die nächste Option gewesen. Nicht, dass ich diesen Sport mehr schätze als andere, aber immerhin war meine Frau mal eine sehr gute Tennisspielerin, sogar italienische Doppelmeisterin, da wäre möglicherweise eine gewisse genetische Prädisposition nicht auszuschließen gewesen. Und bei den Verdienstmöglichkeiten im Tennis wäre ja vielleicht was für die ganze Familie dabei abgefallen. Beide Töchter hatten zwei, drei Sommer lang Tennisunterricht, doch richtig gepackt hat es sie nie. Und gegen diese ganzen osteuropäischen Vorhandmaschinen sollte man besser schon mit zwölf Jahren fünf Stunden täglich trainieren.

Die Jüngere wäre, wie anfangs erwähnt, sicher eine ausgezeichnete Fußballerin geworden, allerdings gibt es weder in unserem Ort noch in einem Umkreis von einer drei viertel Autostunde einen Verein für Fußballerinnen. Bis zehn hätte sie noch bei den Jungs mitspielen können, aber aus dem Alter für solche Sperenzchen war sie schon mit acht Jahren raus.

Doch *ein* Sport hat sie begeistert und tut es noch heute. Volleyball ist in Italien deutlich populärer als hier in Deutschland, die Spiele der ersten Bundesliga, Damen wie Herren, werden jede Woche live im Fernsehen übertragen (auf einem Spartenkanal, aber besser als nichts). Das italienische Nationalteam der Damen gehört zu den besten vier, fünf der Welt und schafft es bei Großereignissen wie Europa- und Weltmeisterschaften sogar bis ins RAI-Hauptprogramm. Beide Töchter haben unterschiedliche Trainingszeiten, drei Mal die Woche, und spielen an den Wochenenden in unterschiedlichen Teams zumeist an unterschiedlichen Orten. Und das heißt: sechs Mal die Woche Training hin und zurück, Samstag ein Heimspiel und Sonntag ein Auswärtsspiel oder umgekehrt, all das ohne öffentlichen Nahverkehr. Aber davon muss ich Ihnen nichts erzählen, dieses Balancieren auf dem Grat zwischen Ambition und Überforderung scheint in der heutigen Welt für Eltern ja dazuzugehören, vom Kleinkind bis zum Abiturienten. Meine Idee, zumindest fürs Wochenende Fahrgemeinschaften einzuführen und einander abzuwechseln, stieß bei allen Spielerinneneltern auf Unverständnis und wurde von meiner Frau gar als geschickter Versuch interpretiert, sich um das eine oder andere Spiel zu drücken. Womit sie recht hatte.

Also bin ich meistens, eigentlich fast immer, anwesend. Wie auch jeder andere Papa und ganz viele Mütter. Da ist Italien ganz egalitär. Ich erinnere mich noch vage an meine Zeit als linker Außenstürmer in der F- und E-Jugend beim TSV Watenbüttel und kann mich nicht erinnern, dass meine Mutter oder mein Vater auch nur einmal zugeschaut haben, aber eine Blitzumfrage unter Freunden bestätigte meine Vermutung, dass sich die Zeiten diesbezüglich auch in Deutschland geändert haben. Apropos: Wir trugen beim TSV Watenbüttel rattenscharfe schwarz-weiß längs gestreifte Trikots, so wie Juventus Turin. Warum sind heutige Trikots bloß immer so hässlich?

Zurück zum Volleyball: Wir müssen eine Stunde vor Spielbeginn da sein und somit bei einem Auswärtsspiel zwei Stunden vor der Spielansetzung losfahren. Nach Spielschluss geht es auch nicht gleich ins Auto, nach einer halben Stunde schleppen sich die tapferen Kriegerinnen müde aus der Umkleidekabine. Und das bedeutet: Ein Tag des Wochenendes ist garantiert komplett im Eimer.

Jedenfalls holen die ambitionierten Mütter Trillerpfeifen und Tröten hervor und lassen auch immer ein paar Anfeuerungsrufe hören. Unsere Spezialität ist »Forza Grado!« oder »Forza mamole!« (*mamola* ist Inseldialekt für »Mädchen«). Gerade gestern feuerte eine Mutter ihre Tochter an, die beste Freundin meiner Jüngeren. Die Eltern sind Venezolanerinnen, und die Mutter rief ihrer Tochter zu, als sie zum Aufschlag schritt: »*Karacho!*« Eine italienische Mutter drehte sich zu mir um und fragte, was *karacho* auf Deutsch heiße. Bevor ich antworten konnte, rief eine andere Mutter »*karachen!*«, und die ganze Tribüne lachte. Ich natürlich auch. Es ist seit Zeiten des Cartoons »Sturmtruppen« ein ewiger Spaß für Italiener, so zu tun, als spräche man Deutsch, indem man allen italienischen Wörtern ein -en anhängt. Es ist ein keineswegs böse gemeinter Spaß von überschaubarer Lustigkeit, so wie wir Deutschen das ja genauso machen, wenn wir Italiener imitieren und unseren Wörtern ein -o ans Ende applizieren. Und ich habe den Verdacht, dass *karachen* der neue, ganz spezielle Anfeuerungsruf unseres Teams werden könnte. Falls es so weit kommen sollte: Hier haben Sie es zuerst gelesen.

Jedenfalls schauen die Väter zu Beginn der Partie einander milde lächelnd an. Lasst die Mädels doch ihren Spaß haben, denken wir uns und betrachten das ganze Gewese bemüht distanziert. Ich erkläre für mich: Wer in den Achtzigerjahren in deutschen Fußballkurven sozialisiert wurde, der lässt sich nicht so leicht von Sportereignissen beeindrucken. Und ich weiß auch nicht, warum am Ende jedes Spiels mein Kopf hochrot ist. Und die Frequenz meines Herzschlags kann einfach nicht gesund sein. Ja, ich gebe es zu, ich leide und fiebere mit wie verrückt. Und ich sehe in den flackernden Augen der anderen Väter, dass es ihnen genauso geht.

Und dabei ist Volleyball ja ein körperloser Sport. Ich will mir nicht vorstellen, wie es wäre, meinen Kindern beim Fußball zuzuschauen und eine Blutgrätsche mit ansehen zu müssen. Da fällt mir eine Anekdote meines Kumpels Tim ein, der mit Zwillingen im Feldhockey-Team spielte. Bei einem wichtigen Spiel bekam der eine in der ersten Halbzeit versehentlich einen Schläger ins Gesicht, blutete wie ein Tier und hatte auch zwei Vorderzähne verloren. Ein Krankenwagen brachte ihn fort. Kurz vor Schluss der zweiten Halbzeit rutschte der Zweite nach einem Laufduell ins Aus und brach sich an einer dieser Turnhallen-Holzbänke, die hinter dem Tor aufgebaut waren, das Schienbein, was zum nächsten Ambulanzeinsatz führte. Die Mutter, die auf der Tribüne saß, fiel in Ohnmacht und musste gleich mit in den Krankenwagen verladen werden. Es war nicht der beste Tag für diese Familie.

Manchmal kommt ein enthusiastischer Elternteil auf die Idee, alle zu einer Pizza ins nächste Restaurant zu bitten, und ich mache immer *sch-sch-sch*, mehr zu mir selbst, versteht sich. Doch wenn die Idee sich so unaufhaltsam durch den Elternblock in der Turnhalle frisst wie ein Buschbrand, dann ist es meistens zu spät, und wir alle kehren in irgendeiner gigantischen Pizzeria an einer Hauptverkehrsstraße ein. Dazu muss man wissen, dass Pizzerien in Italien lärmende Zirkusse mit dreihundert Plätzen an vierspurigen Ausfallstraßen sind, wo das Bier in Fünfliterkrügen auf den Tisch kommt. Wo sind diese verträumten Eckpizzerien mit den rot-weiß karierten Tischdecken, der Napoli-Wandbemalung und den sympathischen, immer singenden Kellnern, fragen Sie? Die sind schon vor Jahren in die Pleite geschlittert und können sich nur noch in Deutschland halten.

Gegen Fünfliterkrüge Bier habe ich auch nichts, aber Trubel beim Essen ist mir seit jeher suspekt. (Daher entsichere ich sofort mein Taschenmesser, wenn ich das Wort Eventgastronomie höre.) Dann aber sehe ich meine Töchter inmitten der Töchter der anderen Väter, mit glänzenden Wangen und zerzaustem, noch etwas verschwitztem Haar, das ihnen auf der Stirn klebt. Sie lachen, sie lästern, sie zeigen einander auf ihren Handys die neuesten Benedict-Cumberbatch-Trailer, sie verschlingen die Pizza und die Cola. Ganz egal, ob sie nun gewonnen oder verloren haben. Die Einzigen, die auf die aktualisierte Tabelle starren, sind wir Väter.

Auch auf die Gefahr hin, dass ich mich wiederhole: Sport ist gut. Gemeinschaft ist gut. Und alle pubertären Befindlichkeiten, alle schulischen Sorgen und Liebeskümmernisse gehen im Trubel der Großraumpizzeria unter.

Warum ist meine Tochter
keine Spitzensportlerin geworden?

Sicher haben Sie auch einmal diesen Traum geträumt, aber hier kommt Trost: Vielleicht liegt es einfach nur am falschen Geburtsdatum. Interessanterweise sind nämlich die meisten Spitzensportler im Januar oder Februar geboren. Dieser Umstand fiel zuerst einem Trainer im kanadischen Eishockey auf: Fast alle seiner Spieler hatten im Januar oder Februar Geburtstag. Ein Zufall? Nein – auch in anderen Mannschaften gab es diese Häufung zu Beginn des Jahres, und bald entdeckte man den Zusammenhang weltweit. Der Autor Malcolm Gladwell führte als frappierendes Beispiel die tschechische Jugend-Nationalmannschaft im Fußball an. Von einundzwanzig Spielern waren fünfzehn im Januar, Februar und März geboren, nur noch zwei nach Juni und keiner nach September. Warum ist das so? Das liegt an den Sichtungssystemen im Kindesalter. Im Januar geborene Kinder haben fast ein Jahr Vorsprung vor den im Dezember geborenen Kindern desselben Jahres, gelten daher als »talentierter« und werden besonders gefördert, dabei sind sie einfach nur »erwachsener« (und ein Jahr Unterschied macht bei Achtjährigen eben viel aus in Sachen Kraft und Athletik). Das ist ein riesiges, aber nahezu unlösbares Problem, weil fast alle Sportverbände weltweit mit Stichjahren arbeiten. Experten sprechen von »Talentverschwendung«: Potenzielle Sportgrößen werden gar nicht erkannt, da sie sich gegen Kinder behaupten müssen, die körperlich viel weiter entwickelt sind. Talentscouts wissen inzwischen um diese Geburtstags-Benachteiligung, doch auch die Arbeit der Trainer wird an (kurzfristigen) Erfolgen gemessen – also nimmt man doch lieber den reiferen Jungsportler. Da meine Töchter im August und Ende Dezember zur Welt kamen, scheiden sie automatisch aus, egal, was ich versucht hätte. Das ist jedenfalls meine Ausrede, falls jemand fragt.

Allerdings wurde der bestverdienende Sportler aller Zeiten, der Golfer Tiger Woods, am 31. Dezember 1975 geboren, also dem ungünstigsten Datum überhaupt. Und auch deutsche Lichtgestalten wie Franz Beckenbauer (11.9.) und Boris Becker (22.11.) konnten sich trotz später Geburtstage durchsetzen. Das behalten wir aber gefälligst für uns.

Papi ist ein Sexist!

Ich habe mich immer für einen Frauenversteher gehalten. 1971 geboren, hatte ich in meiner Schulzeit ausschließlich linksbewegte, antiautoritäre Lehrer, Kinder der 68er-Generation. Was die sich alles von uns halbstarken Rotzlöffeln anhören, welche derben Scherze sie ertragen mussten (siehe auch das Kapitel »Ventil Viktor«) und trotzdem stumm lächelten – ich will gar nicht davon anfangen.

Es gibt überhaupt keine Frage, dass ich für gleiche Bezahlung, gleiches Recht für alle und völlige, uneingeschränkte Gleichbehandlung von Mann und Frau bin. Und doch flammen immer wieder Diskussionen mit meinem naseweisen Nachwuchs auf. Meine Töchter wollen zum Beispiel nicht akzeptieren, dass Männer nun einmal physisch stärker sind als Frauen. Sie halten das für eine sexistische Sicht auf die Welt. Ja, wirklich, sie sagen, das sei sexistisch, und ich weiß auch nicht, wo sie dieses Wort aufgeschnappt haben.

Und mag es auch sein, dass es Frauen gibt, die mehr Kilogramm im Bankdrücken schaffen als ich (aber es kann wirklich nicht viele davon auf dieser Welt geben, denn Krafttraining ist ein Hobby, das ich mir auch durch die Vaterschaft halbwegs bewahrt habe), so halte ich es doch für unbestritten, dass Männer im Schnitt mehr Wasserkästen heben können als Frauen.

Neulich forderte eine Profigolferin die gleiche Bezahlung für sich wie für ihre männlichen Kollegen. Das ist nun aber völlig absurd, oder? Die beste Fußballerin kann ja auch nicht verlangen, so viel zu verdienen wie Lionel Messi. Hier ist es der Markt, der den Preis bestimmt, und wenn weibliches Profigolf (oder Damenfußball) nun einmal nur von sehr wenigen Menschen goutiert wird – selbst dann übrigens, wenn man dem Sport zur Hauptabendzeit eine Chance gibt, wie bei der Damen-WM 2011 in Deutschland geschehen –, dann ist es problematisch, daraus Millionengehälter und Superstarstatus ableiten zu wollen. Ich bedauere das Mauerblümchendasein von Damenfußball übrigens zutiefst, denn meine Jüngere – na, Sie wissen schon, ich erwähne es nun zum dritten Mal.

Inzwischen können meine Töchter die meisten Sportarten besser als ich. Sie sind besser im Skifahren und im Tennis. Aber die Sache mit der Kraft, die können sie doch nicht ernsthaft bestreiten. Und nur, um wenigstens einmal recht zu haben, lasse ich sie nicht mehr, wie früher, im Armdrücken gewinnen.

Der Triumph war nicht fern. In einer Dokumentation sahen sie Sportler, die altmodische Liegestütze machten. Einige davon klatschten beim Hochstemmen in die Hände. Sie waren über alle Maßen begeistert davon. »Das kann ich auch«, sagte ich leichtfertig. Meine Töchter glaubten mir nicht, lachten, zogen mich auf. Daher legte ich mein Hemd ab. Darunter trug ich ein klassisches ärmelloses Unterhemd, das in der englischsprachigen Welt »Wife Beater« genannt wird. Ich war also gerüstet und ließ es darauf ankommen. Die Töchter zückten ihre Smartphones, um diese Peinlichkeit festzuhalten. Und möglicherweise meinen Nasenbruch im World Wide Web zur Lachnummer des Tages werden zu lassen. Ich legte, zu meiner eigenen Überraschung und ohne mir nennenswert wehzutun, drei Liegestütze mit In-die-Hände-Klatschen hin. Die Leistung ist für immer auf Film festgehalten, und ich bin jederzeit bereit, diese fünf epischen Sekunden zweifelnden Leserinnen und Lesern zukommen zu lassen.

Es ist kaum in Worte zu fassen, wie mich drei Frauen (eine Ehefrau und zwei Töchter) wortwörtlich mit offenem Mund anstarrten, als ich mich aufrichtete, kurz verbeugte und dabei in meinen Körper horchte, ob ich mir irgendwo ernsthaft wehgetan hatte.

»Ich kann sie sogar einhändig«, log ich frech, aber sie waren einerseits zu begeistert von meiner Leistung und andererseits zu ängstlich, mich erneut stammelnd um Verzeihung bitten zu müssen. Für ein paar Tage – na ja, zumindest für ein paar Stunden – war ich wieder der Papa aus vorpubertären Zeiten, jener starke, unerschütterliche Bursche, der Wunder vollbringen konnte. Es war ein königliches Gefühl.

Mein Rat im Umgang mit pubertierenden Töchtern? Trainieren Sie Ihre Oberarme.

Nachtrag kurz vor Drucklegung dieses Buches: Die Ältere hat die Händeklatsch-Liegestütze noch einmal versucht. Sie hat die Hände nicht mehr rechtzeitig unter den Körper bekommen. Das führte dazu, dass sie mit den Schneidezähnen abbremste. Ein Eckchen eines Zahns brach ab, die Zahnärztin machte allerdings einen guten Job und beseitigte jegliche Spur. Doch ich habe Munition, die ich im Zweifel immer wieder benutzen kann – vor allem dann, wenn Papa mal wieder voll peinlich ist.

Warum werfen Mädchen wie ... Mädchen?

Sie werden es sich spätestens dann fragen, wenn Sie sich mit Ihren Töchtern im Park oder im Schwimmbad Bälle zuwerfen. Und Sie werden sich wundern. Warum kommt der Ball nie zu mir?

Frauen sind den Männern in den meisten Sportarten auf den Fersen; in Disziplinen wie Schwimmen sind sie sogar sehr nah dran an männlichen Bestleistungen. Doch nirgends ist der Unterschied größer als beim Werfen eines Balls. Der »Throwing Gap« gilt unter Forschern sogar als größter messbarer Unterschied, den es überhaupt zwischen den Geschlechtern gibt – in allen Lebensbereichen. Schon bei Vierjährigen lässt sich eine Wurf-Diskrepanz feststellen. Eine Erziehungssache, weil Jungs schon früh eher zu Ball- und Wurfsportarten getrieben werden? Nein, auch bei Aborigine-Teenagern lassen sich die Unterschiede feststellen: Obwohl beide Geschlechter gleich viel werfen, kommen die Mädchen nur zwei Drittel so weit. Jerry Thomas von der University of North Texas vermutet nun, dass die Evolution Schuld an der weiblichen Weitenschwäche hat. Einige wenige männliche Jäger hätten sich früh zu ausgezeichneten Werfern entwickelt, der wichtigsten Eigenschaft für einen frühzeitlichen Nahrungsbeschaffer. Ihre Gene hätten sie an die männlichen Nachkommen weitergegeben. Andere motorische Fähigkeiten wie Laufen und Springen seien für alle Menschen gleich überlebenswichtig gewesen, daher seien hier die Unterschiede nicht so groß.

Immerhin ist in den USA kürzlich etwas Erstaunliches passiert: Erin DiMeglio spielt als erster weiblicher Quarterback überhaupt Highschool-Football in Florida. Vielleicht sorgt die Evolution in den nächsten Generationen dafür, dass Frauen aufholen.

Mit Freundinnen

Hier können Sie ein paar Dinge drehen.
Tun Sie's.

Haben wir Eltern überhaupt etwas zu melden?

Das ist eine Frage, die wir uns spätestens seit 1994 stellen müssen. Denn in jenem Jahr erschien eine Studie von Judith Rich Harris im »Psychological Review«, die doch einiges infrage stellte, was bislang als Selbstverständlichkeit galt. Frau Harris, eine Wissenschaftsjournalistin, wunderte sich über ihre eigenen Töchter; ein Gefühl, das uns nicht fremd ist. Ihre beiden Kinder entwickelten sich völlig konträr voneinander, was sie nachdenklich machte, behandelte sie doch beide eigentlich gleich. Sie las eine Studie darüber, dass Heranwachsende kriminell würden, weil sie ihre kriminellen Eltern imitierten. Doch sie glaubt – auch aus eigener Erfahrung –, dass Jugendliche eher andere Jugendliche als die Eltern nachahmen. Das warf gut hundert Jahre Psychologie und Psychotherapie über den Haufen. Nicht nur das: Es gibt offenbar einen Kind-Eltern-Effekt, nämlich dass das Verhalten der Kinder die Eltern »erzieht«. Eine Studie der George Washington University bestätigt Harris' These: In einer zehnjährigen Studie mit siebenhundertzwanzig Familien, die neun Millionen Dollar verschlang, konnten keine vorhersehbaren Rückschlüsse über das Verhalten der Kinder nach der Art ihrer Erziehung gezogen werden. Es scheint einen »Aschenputtel-Effekt« zu geben: Harris glaubt, dass Kinder im Beisein ihrer Eltern zwar je nach Erziehung agieren (zum Beispiel gehorsam und verständnisvoll), außerhalb des Elternhauses jedoch ganz andere Dinge tun. Was erklären könnte, warum Eltern oft gar nicht verstehen, warum sich der Lehrer über das Verhalten im Klassenzimmer unseres kleinen Engels beschwert. Harris jedenfalls weist nach, dass kriminelles Verhalten sehr stark mit Armut und einer »schlechten Nachbarschaft« korreliert, was für die These der *Peer Group* spricht.

Diese Sichtweise hat enorme Schwächen, auch wenn vieles an ihr zumindest nachdenklich stimmt. Um nur eine zu nennen: Auch die Eltern entscheiden ja durchaus mit, in welchem Umfeld die eigenen Kinder aufwachsen. Sie können zumindest einigermaßen steuern, mit wem ihre Kids die Freizeit verbringen. Und sie können im Extremfall die Notbremse ziehen. Schlechte Einflüsse können wir verhindern. Und, wenn es nach Frau Harris geht, sollten wir das auch tun.

Pyjama-Party!

Unter pubertierenden Töchtern sind das die zwei magischen Wörter. Sie haben eine so ungeheure Wucht, dass sie die ganze Pubertät überstrahlen, jedes Problem mit Pickeln einfach wegwischen wie ein Aknestift, der genau das in der Werbung verspricht (und es natürlich nie hält).

Schon das Wort, während eines eher unterkühlten Abendessens in die Runde geworfen, hellt die Gesichter der Töchter auf. »Lange aufbleiben, Harry-Potter- oder Sherlock-Marathon, unter der Decke kuscheln, Popcorn und Salzstangen verschlingen.« Das stießen sie hervor, als ich sie nach den großen Vorteilen befragte. Nach den Nachteilen wollte ich sie nicht fragen, denn der Moment war allzu schön. Ich sah hinter ihre sternförmigen Pupillen und hatte ihr glückliches Glucksen im Ohr, als ich an all den Ärger dachte, den uns bisherige Pyjama-Partys beschert haben.

Das geht schon mit den Streitigkeiten beim Einladen los. Denn selbst der großzügigste Haushalt kann nur eine begrenzte Anzahl Menschen aufnehmen. Wer sich ausgeschlossen fühlt, macht Ärger. Ein unbedachtes Wort kann Freundschaften für Monate ruinieren.

Aus irgendeinem Grund der Teenager-Gesetzgebung besteht eine Pyjama-Party immer aus einer ungeraden Gruppe. Sie sind zu dritt oder zu fünft. Sofort bilden sich ungleich ausbalancierte Cliquen. Und selbst für den unwahrscheinlichen Fall der geraden Zahlen schaffen sie es, sich unvorteilhaft zusammenzurotten. Sie nehmen sich grundsätzlich zu viel vor, machen nichts davon vernünftig, und alles geht schief. Das Popcorn ist noch im maiskörnigen Urzustand und ungenießbar, die Muffins sind verbrannt, die Küche sieht aus wie eine Explosion in einem Supermarkt, welcher kurz zuvor von marodierenden Banden geplündert wurde. Und dann geht es ums Fernsehprogramm, was durch die ständige Verfügbarkeit aller Filme nur noch verkompliziert ist. Die Qual der Wahl. Sie mögen, obwohl sie sich doch sonst immer einig sind, ausgerechnet bei Pyjama-Partys unterschiedliche Stars, das scheint unvermeidlich.

Bei uns gab es einmal den dramatischen Konflikt zwischen der Fraktion, welche die drei Teile von »Piraten der Karibik« sehen wollte (wegen Orlando Bloom), und der Fraktion, die »Herr der Ringe« bevorzugte (wegen Martin Freeman). Die Ringe-Fraktion schaffte es, wegen des unter Teenagern hoch umstrittenen Johnny Depp einen Keil in die Piraten-Fraktion zu treiben, sodass es am Ende das Tolkien-Epos wurde.

Am nächsten Morgen, einem Sonntag, war die Stimmung entsprechend gedämpft – während am Montagabend schon

Pläne für die nächste Pyjama-Party geschmiedet wurden. Mit denselben Teilnehmerinnen. Wir können nicht viel von Teenagern lernen. Aber diese selektive Vergesslichkeit würde unseren Erwachsenenalltag erträglicher machen.

Pyjama-Partys sind für Väter deswegen interessant, weil sie uns eine gewisse Steuerung ermöglichen, nämlich die Einladung von Freunden, die wir für die Entwicklung unserer eigenen Kinder für gut halten, und die Ausladung all jener, die wir als schädlichen Einfluss ausgemacht haben.

Meist liegen wir mit unserer Einschätzung völlig daneben, und die Klassenstreberin mit Engelsblick holt als Dreizehnjährige einen Joint hervor, aber wir geben uns der Illusion hin, die *peer group* selbst zusammenstellen zu können.

Das Wuschel-Phänomen: Coole Kids, uncoole Erwachsene

Was ist, wenn es Probleme mit den Freundinnen gibt? Wenn die Jungs alle nur zu Hause sitzen, sich nie gegenseitig einladen? Auch wir hatten eine kurze Zeit, wo wir uns Sorgen machten, weil unsere älteste Tochter wenige Freundinnen hatte.

Was also, wenn Ihr Kind launisch, mürrisch und keineswegs der Star der Schule ist, in keinem Fach gut und auf keine Party eingeladen? Was, wenn der eigene Chaot als uncool gilt?

Studien der Universität Virginia haben etwas wirklich Erstaunliches zutage gefördert: Kinder, die mit dreizehn cool sind, sind es mit dreiundzwanzig nicht mehr. »Der schnelle Weg in Richtung Erwachsensein funktioniert nicht besonders gut«, sagt der Psychologe Joseph P. Allen trocken. Viele coole Jungs und Mädchen, die wir mit dreizehn für ihr Verhalten bewundert haben, bekamen als Erwachsene ernste Probleme mit Alkohol, Drogen und dem Gesetz. »Pseudoerwachsenes Verhalten« nennen das die Forscher, und das ist problematisch. Dafür gibt es mehrere Erklärungen. Punkt eins: Dr. Allen vermutet, dass coole Kids, auf der Suche nach immer mehr Anerkennung, eine entscheidende Phase in der Entwicklung verpassen. Weniger coole Teenager bleiben am Freitagabend daheim, schauen mit ihren Freundinnen oder Freunden einen Film und verspeisen Popcorn und Eiscreme. Das ist natürlich nicht so aufregend wie das Erschleichen freien Eintritts in einer angesagten Diskothek oder das Auftragen von Mamas Schminke, um einen Neunzehnjährigen zu verführen, womit der coole Teenager am Montagmorgen in der Schule prahlen kann. »Jugendliche sollten loyale Freundschaften bilden und ein Verantwortungsgefühl entwickeln«, sagt Allen. »Aber das macht nicht viel her als Ziel in einer neunten Klasse.« Da ist es einfach angesagter, mit einem kleinen Diebstahl zu prahlen. In jedem Fall sollten Eltern das ruhige, unpopuläre Verhalten der Kinder fördern und sie nicht dazu bringen, mit den coolen Kids abzuhängen.

Punkt zwei: Teenager, die den größten Einfluss auf die anderen ausüben – über Labels zum Verhalten in den sozialen Medien bis zur Farbe der Notizblöcke –, sind, so die Forscher, selbst gestresst von ihrer Verantwortung. Also suchen sie ihrerseits ältere Jugendliche. Doch wer von den Achtzehnjährigen gibt sich schon mit Vierzehnjährigen ab? Genau: Tatsächlich sind es leider die eher seltsamen, nur vermeintlich coolen, dann schon etwas dysfunktionalen Typen.

Allen erzählt von einer typischen Biografie aus seiner Studiengruppe: Der Junge war mit vierzehn der coolste Bursche der Schule. Er hatte diverse Beziehungen und schon mit sechs Mädchen rumgeknutscht. Ärger mit dem Gesetz hat er ebenfalls schon bekommen, war aber ein Fixpunkt in der Clique der coolen, gut aussehenden Jungs. Mit zweiundzwanzig hatte er keinen Schulabschluss, keinen festen Job, Drogenprobleme und mehrere Strafen wegen Alkohol am Steuer. Er stahl und neigte zum Vandalismus.

So weit die Wissenschaft, und ein oder zwei Dinge daran klingen nicht hundertprozentig überzeugend. Doch als ich über diese Untersuchung nachdachte, fiel mir Wuschel wieder ein. Wuschel war drei Klassen über uns, und wir liebten ihn. Er hatte die tollste Lederjacke der Welt, und er war sogar nett zu uns Kleinen. Er sah unverschämt gut aus, und er konnte alle haben. Und weil wir damals regelrecht Buch über innerschulische Affären geführt haben – als Surrogat der Zukurzgekommenen –, kann ich hinzufügen: Er hatte sie auch alle. Sein Spitzname, dessen Entstehungsgeschichte niemand erklären konnte, nicht einmal er selbst, war natürlich auch klasse, dabei hatte er einen ganz gewöhnlichen Namen, Michael Schulz. (Der Name ist geändert, aber der Gewöhnlichkeitsgrad stimmt genau.) Nachmittags und abends jobbte er im *Zapfhahn*, jener Kneipe, die der Schule gegenüberlag und in der wir alle mit dünnem Filterkaffee in den Freistunden und herbem Jever-Pilsener am Abend sozialisiert wurden. Er wollte nichts für seine Arbeit haben, sondern ließ seine Arbeitsstunden als Bonus anschreiben, was wir unfassbar clever fanden. »Die Kneipe ist meine Bank«, freute er sich. Meine Güte, er machte einfach alles richtig. Die Zigarettenmarken, die er rauchte, rauchten auch wir.

Wuschel war rasend schlecht in der Schule, aber selbst die Lehrer mochten ihn gern, sodass sie ihn mit allerlei Tricks durchs Abitur schoben. Danach verloren wir ihn aus den Augen, wir zogen in andere Städte, begannen Ausbildung und Studium. Fünfzehn Jahre nach dem Abitur besuchte ich einen

Schulfreund in Berlin. Wir streiften durch die Nacht, hatten aber eine Scheu vor allen Lokalen, die in den Reiseführern mit dem Präfix »Szene« geadelt wurden, also kehrten wir in eine schummrige Eckkneipe mit Butzenscheiben ein.

Und wer stand hinterm Tresen und begrüßte uns lachend? Genau: Wuschel.

Nun ist Wirt ein genauso ehrbarer Beruf wie Buchautor oder Ingenieur bei Volkswagen, doch es war nicht einmal seine Kneipe. Und damals wurde noch kräftig geraucht, was ordentlich Falten ins Gesicht des gastronomischen Personals schnitzte. Wie gesagt, wir reden hier nicht von einem durchdesignten Szenetreff mit smarten Cocktails und der Hautevolee der Stadt, sondern von einer Kneipe, in der sich schon am Mittag die Wirkungstrinker des Viertels trafen. Und Wuschel, Mitte dreißig, machte das nicht als Neben-, sondern als Hauptjob.

Man muss sich Wuschel als glücklichen Menschen vorstellen. Seine Warmherzigkeit hatte er auch nicht verloren, und die erste Runde ging selbstverständlich auf ihn. Damals aber, als Fünfzehnjährige, die wir uns nichts sehnlicher wünschten als seine Freundschaft, hatten wir erwartet, Wuschel würde entweder Rockstar oder Bundeskanzler werden.

PROBLEM NR. 8:
Die Freunde sind eine obskure Gang, die Ihnen nicht passt.

Jan-Uwe Rogge glaubt, dass ein Freundeverbot diese eher noch anziehender macht und für Heimlichkeiten sorgt, die dem familiären Frieden schaden. Man solle zwar seine Sorgen und Bedenken äußern, es aber unbedingt vermeiden, Stimmung gegen die

Freunde und Freundinnen zu machen. Rogge tröstet die Eltern, dass Freundschaften ein bedeutsames Experimentierfeld für eigenständiges Verhalten seien, eine Gegenwelt zur Familie und deren Normen. Rogge spricht sich ausdrücklich gegen überbehütete Kinder aus, deren Eltern ihre Entwicklung in die Eigenständigkeit regelrecht blockieren. »Überbehütete Kinder geraten nicht selten aus einer Abhängigkeit in die nächste«, meint Rogge. Er wendet sich auch gegen das andere Extrem und sagt, dass gefühlsmäßig verwahrlosten Kindern die Clique zum Familienersatz werden könne –, aber ich schließe im Umkehrschluss eine Verwahrlosung Ihrer Kinder aus, denn immerhin haben Sie dieses Buch gekauft.

Meine Meinung zum Thema Freunde: Bei meinem ersten Job in einer Redaktion in Hamburg saß ich zwei Jahre mit einem Kollegen zusammen, einem klugen Burschen aus der westfälischen Provinz, der sich viele Jahre später als schwer heroinabhängig outete. Heroin! Wie kam man denn an so was? Ganz einfach: Mit fünfzehn gab es einen coolen Jungen im Dorf, dem alle Vierzehnjährigen nacheiferten. Und dieser coole Junge nahm Heroin. So kann es kommen. Daher hat der Experte zwar recht, dass Freundschaften ein Experimentierfeld darstellen, aber so schmerzhaft es sein mag, muss die Hand an der Notbremse sein, wenn es ausgerechnet jene Clique von Dreizehnjährigen ist, die raucht und klaut. Ich verweise auf das Thema Sport, das in kaum einem bisherigen Pubertätsratgeber erwähnt wird. In einer Volleyball-Mannschaft, die um den Sieg bei den Regionalmeisterschaften mitspielt, kommt es beispielsweise selten zu extremem Drogenkonsum – versprochen.

PROBLEM NR. 9:
Ihr Teenager betrinkt sich.

Ein Albtraum. Jan-Uwe Rogge rät von überzogenen Strafen oder Verboten ab. Wichtig sei stattdessen ein klares, aber auch behutsames Gespräch – nicht in der Nacht, wenn alle Beteiligten gefühlsmäßig aufgeladen sind, sondern am Tag nach dem Exzess. Wenn das Kind sich wenig zugänglich zeigt, empfiehlt Rogge, das Gespräch an eine dem Jugendlichen vertraute Person zu delegieren: »Nicht selten nehmen Jugendliche von Außenstehenden den einen oder anderen Tipp an – meist nur nicht auf der Stelle.«
Die Sache mit der Vertrauensperson ist eine gute Idee, und deswegen ist eine große italienische Familie ein echter Vorteil. Wenn der Papa keine Respektsperson mehr ist, auf die die Tochter hört, dann ist es der coole Onkel oder der weise *nonno* immer noch. Auch der Vorschlag, den Konflikt erst am nächsten Tag zu suchen – besser noch: am nächsten Abend, wenn auch der physische Schmerz (Kater) nachgelassen hat –, klingt einleuchtend. Von Strafen oder Verboten abzusehen, ist mir aber zu weichgespült. Auch dem chaotischsten Chaoten muss klar sein, dass Volltrunkenheit nichts ist, was zum samstäglichen Freizeitprogramm gehört. Er darf durchaus die Konsequenzen seines Handelns spüren, jedenfalls ganz sicher dann, wenn es mehr als einmal vorkommt. Der klassische Stubenarrest scheint mir ein probates Mittel bei so einer drastischen Verfehlung. Doppelter Vorteil: Das Kind ist bestraft – und wird auch nicht zum Alkohol greifen können.

Mit dem Freund/
mit der Freundin

Es wird grausam – obwohl es sich ankündigt.

Benedict Cumberbatch

Der Zugang zum anderen Geschlecht beginnt auf Umwegen. Meistens sind es Stars, die angehimmelt werden – und zwar mehr und mehr aufgrund ihrer Optik.

Benedict Cumberbatch ist die erste Liebe meiner ältesten Tochter. Ich habe versucht, diese Liebe zu torpedieren. Etwa, indem ich ihr erzählte, der Name sei ja wohl eine Zumutung, und er würde von anderen Schauspielern benutzt, um die Lippenmuskulatur und die Stimmbänder aufzuwärmen, doch das war ein sehr, sehr schwaches Argument. Mehr fiel mir aber auf die Schnelle nicht ein. (Wenn Sie über kompromittierende Details aus seinem Leben stolpern, lassen Sie es mich wissen.)

Natürlich, es hätte schlimmer kommen können. Johnny Rotten. Aleister Crowley. Stalin. Oder es hätte in ein wildes Abenteuer ausarten können wie bei der siebzehnjährigen Amerikanerin Barbara McVay, die 1966 unbedingt zu den Beatles nach London wollte und sich auf einem U-Boot (!), das in Baltimore vor Anker lag, als blinde Passagierin einschmuggelte. Auf halber Strecke entdeckte die Besatzung das Mädchen und kehrte in die USA zurück. Dort angekommen, erklärte sie der Polizei: »Ich mag halt englische Jungs.« U-Boot-Captain Douglas Scobie erklärte mit britischer Trockenheit der Presse: »Einen Einwohner von Baltimore zu rauben, hätte bedeutet, die Gastfreundschaft der Amerikaner über Gebühr strapaziert zu haben.«

Und umgekehrt muss ich zugeben, dass Benedict Cumberbatch kein schlecht aussehender Bursche ist, der zudem über einen ausgezeichneten modischen Geschmack verfügt, und wann immer er als Sherlock Holmes im Fernsehen erscheint, in einer Serie, die auch mir sehr gut gefällt, schaue ich mir sehr genau an, was er trägt. Ich wiege keine fünfzig Kilo bei hundertachtzig Zentimetern, so wie er vermutlich, deswegen würden mir diese eleganten, hautengen Schnitte kaum stehen. Aber ich bemerke, wie mich meine Tochter immer öfter aus den Augenwinkeln mustert. Vor allem, wenn ich mir den Schal so über den Hals werfe wie Sherlock. Was mag sie denken? Vergleicht sie mich mit ihm? Hält sie mich für einen armen Irren, der doch viel zu alt und schwer ist, um mit diesem Leichtfuß mithalten zu können? Wünscht sie sich gar, in diesem Moment säße nicht ich neben ihr, sondern *er*?

Es sind keine schönen Momente, und doch ist die erste Liebe zu einem Sänger oder einem Schauspieler einer der schmerzhaftesten Abnabelungsprozesse vom größten, stärksten und klügsten Mann, der doch der Vater einst war. Aber wer weiß, vielleicht finde ich noch heraus, dass Benedict Cumberbatch Hundewelpen an der Autobahn aussetzt. Wollen mal sehen, wie stabil die Liebe dann ist.

Wie weit die Liebe zu meiner Tochter geht – und wie weit die ihre zu Mr Cumberbatch –, lässt sich am besten an der Geschichte mit dem englischen Golfjournalisten illustrieren, der ein paar Monate zuvor bei mir zu Gast war. Wir hatten uns auf einer Pressereise kennengelernt, und als großer Venedig-Fan kam er mich dann einmal besuchen. Bei einem längeren Plauderabend, in dem es einmal nicht um Tiger Woods ging, stellte sich heraus, dass er trotz seines robusten Äußeren und der selbst für meine Maßstäbe ungeheuren Trinkfestigkeit (er hatte bereits zum Frühstück eine Flasche Wein getrunken, die ihm der Besitzer des Ferienapartments als Gastgeschenk auf den Tisch gestellt hatte) eine tief intellektuelle Seite hatte. Er hatte unter anderem in Cambridge studiert, in einer Klasse mit dem sehr beliebten Schauspieler Hugh Laurie (»Doctor House«). Meine älteste Tochter hörte hin und speicherte sich diese Information auf Wiedervorlage ab, wie es nur Teenager können. Das Versprechen dagegen, das Zimmer aufzuräumen, trudelt wie ein Stück Asche eines Lagerfeuers ins Nichts und löst sich im Wind auf. Zudem haben Sechzehnjährige noch äußerst romantische Vorstellungen vom Journalismus und glauben, ein Journalist verbringe seine Abende auf glamourösen Cocktailpartys, Seite an Seite mit Prominenz aus Politik, Kultur und Sport – ein Klischee, das bis zum heutigen Tag erstaunlicherweise von vielen TV-Produktionen unverdrossen kolportiert wird. Sie zwang mich jedenfalls mit einer für Pubertierende eisernen Entschlossenheit dazu, den Londoner Journalisten per Facebook-Nachricht anzufragen, ob er Benedict Cumberbatch kenne. Sie zettelte einen regelrechten Psychokrieg an, flüsterte mir in der Nacht die Aufforderung ins Ohr, klebte mir Post-its auf den Computer und schrieb sogar meinen geheiligten Tageskalender voll. Und sosehr ich mich auch mühte und ihr über den Berufsstand des Journalisten und der Größe der Stadt London Auskunft gab: Ich konnte es ihr nicht ausreden.

Also schickte ich dem Journalisten nach Wochen des Widerstandes tatsächlich eine Nachricht, mit einer entschuldigenden Erklärung, dass Teenager halt so seien. Die Aktion war mir so peinlich, dass ich mir selbst wie ein Teenager vorkam.

Er reagierte schnell und schickte mir nur drei höhnisch lachende Emojis zurück. Und was er seitdem von mir hält, mag ich gar nicht ahnen.

Die Emojis zeigte ich meiner Tochter, die daraufhin wortlos abdrehte und wahrscheinlich heimlich über diesen Nichtsnutz von Vater fluchte, der ihr nicht einmal den geringsten Kontakt zu einem der derzeit angesagtesten Schauspieler der Welt ermöglichen konnte.

Immerhin hat sie seit ein paar Tagen eine neue Schrulle, die mich ein bisschen stolz macht. Denn ich habe seit 2016 eine Reihe historischer Romane veröffentlicht (Band 1 heißt »Der Spion des Dogen« – so viel Eigenwerbung muss sein), und meine Töchter sind sich sicher, dass das Werk verfilmt wird. Diese Zuversicht ehrt mich, obwohl die Chancen gegen mich stehen. (»Praktisch ausgeschlossen«, sagt meine Agentin. »Zu viele Außenszenen.« Und die sind teuer.) Beide Töchter versuchen, mich zu überreden, die Hauptrolle mit Benedict Cumberbatch zu besetzen, denn auch die Kleinste fängt jetzt mit der Cumberbatch-Verehrung an, und als sie herausfanden, dass der Protagonist meines Buches schulterlange Haare hat, klemmten sich beide in die Google-Bildersuche und kramten ein paar Bilder von ihm mit ebendieser Haarpracht raus, die sie mir triumphierend unter die Nase hielten.

Nachtrag: Kurz nachdem ich dieses Kapitel fertiggestellt hatte, ging Sherlock Holmes, jene Serie, die Benedict Cumberbatch erst ins Bewusstsein meiner Tochter brachte, in die vierte Staffel. Und wie es bei neuen Staffeln so ist, war es ein höchst verstörendes, wenig kind- und jugendgerechtes Gemetzel, dessen erste Folge so viele albtraumhafte Fragen offenließ (Ist John Watsons Frau Mary wirklich tot, oder ist das wieder nur so ein Cliffhanger-Trick? Hat Sherlock Holmes tatsächlich eine Killer-Schwester?), dass beide Töchter in unser Bett schlüpften und bei uns bleiben wollten. Das ließ mich dann doch mit einem ebenso breiten wie seligen Lächeln einschlafen. Dieser Cumberbatch ist vielleicht doch gar nicht so schlecht.

Diese Sache mit den anderen Männern

Es wird irgendwann und vermutlich sogar sehr bald so weit sein: Ihre Tochter wird mit einem anderen Mann kuscheln, der selbst noch ein halbes Kind ist (hoffen wir es zumindest). Sie werden es mit großer Sicherheit als Letzter erfahren, noch weit nach Ihrer Frau und selbst noch nach Ihrer jüngsten Tochter, falls Sie eine haben. Und vermutlich würde es auch unsere Hündin Luna eher mitkriegen als ich.

Und es wird, das kann ich Ihnen verraten, für Sie schwer zu verkraften sein. Manchmal wünscht man sich in solchen Momenten etwas laxere Waffengesetze. Aber jetzt kommt die gute Nachricht: Sie und ich können uns das Thema zumindest auf diesen Seiten ersparen. Denn es hat, außer in obskuren französischen Filmen, noch nie auf dieser Welt ein Vater mit seiner Tochter darüber geredet. Frauen reden mit anderen Frauen darüber. Niemals, wirklich niemals mit ihren Vätern. Mit Söhnen wäre es etwas ganz anderes, aber als Vater von Töchtern bin ich fein raus. Und ich bin verdammt froh darüber, denn der einzige Ratschlag, den ich meinen Töchtern zu diesem Thema gebe, lautet: Bitte haltet euch von anderen Männern fern. Bitte bleibt bei mir, bis ihr mindestens dreißig Jahre alt seid oder ich tot bin. Denn diese Sache mit dem Loslassen, die habe ich einfach nicht drauf. Und Sie müssen zugeben: Das ist nicht der allerklügste Ratschlag.

Flüchten wir uns in die Wissenschaft, um dieses unangenehme Thema mit Anstand zu beenden: Es scheint gut zu sein, seine »Erste Liebe« zu heiraten – zumindest dann, wenn man sie zufällig später im Leben wiedertrifft, was heutzutage ja dank der sozialen Medien überhaupt kein Problem mehr ist. Eine Langzeitstudie der California State University ergab, dass Menschen, die zufällig (nach mindestens fünf Jahren »Pause«) ihre Teenager-Liebe wiedergetroffen und schließlich geheiratet haben, nur eine Scheidungsrate von etwa vierundzwanzig Prozent aufwiesen, während normale Ehen in den USA in sechzig Prozent aller Fälle geschieden werden. Kaum ein anderer soziologischer Umstand kann mit einer so verblüffend niedrigen Scheidungsrate verknüpft werden. Das Durchschnittsalter der Glücklichen, die ihre erste Liebe wiedertrafen und heirateten, betrug sechsunddreißig Jahre – bei vielen war es also die zweite Ehe. Und so gaben auch viele der Befragten an, »reifer« geworden zu sein, was möglicherweise den Erfolg der Beziehung erklärt.

Doch warum hatte man sich damals überhaupt von der ersten Liebe getrennt, wenn es doch offenbar die Frau fürs Leben war? Auch das wollten die Forscher wissen. Fünfundzwanzig Prozent machten die Eltern dafür verantwortlich, zwölf Prozent sagten, dass sie damals »zu jung« waren, eher banale Gründe waren unter anderem »Umzüge« und »Universität in einer anderen Stadt«. Eine Schlussfolgerung der Forscher: Im Englischen heißt Teenager-Liebe »Puppy Love«, wie eine harmlose Spielerei unter jungen Hunden – doch Teenager-Lieben reichen oft tiefer, als Eltern es wahrhaben wollen.

Und noch etwas beruhigendes Datenmaterial für allzu besorgte Väter: Das Alter des »ersten Mals« scheint in den Industrienationen zu steigen, wie eine Untersuchung der San Diego State University mit den Daten von siebenundzwanzigtausend

Schülern und Erwachsenen zeigt. Demnach ist in den letzten Jahren die Zahl der Schüler zwischen vierzehn und siebzehn, die schon Sex hatten, von einundfünfzig Prozent auf einundvierzig Prozent gesunken. Paradoxerweise ist daran das Internet schuld: Zwar haben es die vielen Flirt- und Dating-Portale einfacher gemacht, Partner kennenzulernen – gleichzeitig verbringen die Jugendlichen aber so viel Zeit vor dem Computer, dass es kaum noch zu echten Beziehungen kommt.

Mein Lieblingsshirt

Das Foto kursierte eine Zeit lang im Internet, doch man kann das T-Shirt tatsächlich bestellen – oder ganz einfach selbst im nächsten Copy-Shop in Auftrag geben. Das Shirt, dessen Urheberschaft durch das viele Teilen in allerlei Sprachen unmöglich zu ermitteln ist, ist überschrieben mit »Regeln, um meine Tochter zu daten«. Es folgen zehn Regeln. Diese Regeln sind ein bisschen Waffen-schwingend-amerikanisch-machohaft, aber ich sage Ihnen: Ab und zu tut diese Herangehensweise gut, wenn der erste Kerl mit Flaum und Ohrring vor der Tür steht, bereit, unserer kleinen Göttin auf perfideste Weise das Herz zu brechen.

Die auf dem Shirt abgedruckten Regeln lauten folgendermaßen:

1. Such dir einen Job.
2. Ich mag dich nicht.
3. Ich bin überall.
4. Du verletzt sie, ich verletze dich.
5. Sei dreißig Minuten früher daheim.

6. Nimm dir einen Anwalt.
7. Wenn du mich anlügst, finde ich es raus.
8. Sie ist meine Prinzessin, nicht deine Eroberung.
9. Ich habe kein Problem damit, zurück ins Gefängnis zu gehen.
10. Was immer du ihr antust, tue ich dir an.

Genial ist vor allem Regel Nummer neun: »... *zurück* ins Gefängnis ...« Man kommt also von dort, und jeder Teenager, der mit der eigenen Tochter anbandelt, sollte sich der Gefahr bewusst sein, die in den knastgestählten Knochen lauert.

Hier kommen noch fünf ergänzende Regeln, die ich, sollte das T-Shirt je auf Deutsch erscheinen, ergänzen möchte.

1. Du rauchst und trinkst? Da ist die Tür.
2. Kein Zustand körperlicher Fitness rechtfertigt ein Muskelshirt.
3. Ein Einserschnitt hilft, ist aber keine Lebensversicherung für dich.
4. Du weißt, dass ich ein international gefeierter Bestsellerautor mit Nobelpreisambitionen bin, und du benimmst dich entsprechend unterwürfig.
5. Ich habe Familie in Sizilien. Gott vergibt, meine Verwandtschaft nicht.

Es ist halt so: Man kennt sich selbst. Was hat man alles für unglaubliche Dinge gedreht, um Susi, Sanni und Jessica mal kurz unter das »Ärzte«-Shirt zu fassen. Leere Versprechungen mit vor Erregung heiserer Stimme – liebe Väter, ihr wisst, wovon ich rede. Letztlich will ich meine Tochter vor Typen wie mir und meinen Freunden bewahren. Im Magazin der »Süddeutschen Zeitung« stellt man Prominenten gern die Frage: »Wenn eine ehrliche Biografie über Sie erscheint – würden Sie sie empfehlen?« Ich kann mir, ganz ehrlich, keinen vernünftig denkenden Menschen vorstellen, der diese Frage mit »Ja« beantwortet. Selbst Mutter Teresa hatte ihre merkwürdigen Seiten und vermutlich auch ihre schmutzigen Geheimnisse. (Tatsächlich gibt es einen Dokumentarfilm über sie, der nachweist, dass sie ein ziemlich ausbeuterischer Drachen war und mit allen Tricks an ihrem barmherzigen Image feilte, aber Mutter Teresa soll jetzt nicht unser Thema sein.) Und von mir selbst will ich gar nicht erst anfangen.

Als Väter haben wir immerhin den Vorteil, dass wir die Tricks kennen. Jedenfalls die meisten. Denn vieles läuft heute über Instagram und WhatsApp oder gar Snapchat oder Tinder, und überhaupt haben die sozialen Medien alles verändert. Wie stöhnte kürzlich ein männlicher Teenager? »Wie ich das hasse, erst dreihundertfünfzig Bilder von ihr liken zu müssen, bevor ich sie um ein Date fragen kann.« Daher kann es sein, dass wir Väter ganz schnell den Anschluss verlieren und heraufziehende Gefahren zu spät bemerken.

Aber alles andere durchschauen wir schnell. Wir erkennen die Blicke, wir sehen, wie sich jemand bemüht, möglichst nah an sie heranzurücken, wie man Interesse für unseren Hund heuchelt, um sich als Tierfreund zu präsentieren, und wie man sich räuspert und die Stimme senkt, um seine Nervosität zu überspielen und die fiependen Höhen in der Stimme auszugleichen. Wir bemerken die flauen Witze und Sprüche, die man sich schon lange vorher zurechtgelegt und geprobt hat, weil man nur auf die passende Gelegenheit wartet. Und diese Gelegenheit dann natürlich gründlich vermasselt und zu stottern anfängt. Kennen wir alles, haben wir alles selbst durchgemacht.

Und manchmal kommt sogar etwas wie Mitgefühl auf. Aber das hält nur kurz an. Schließlich geht es um unsere Tochter.

Die Hölle, das sind die anderen: Im Schwimmbad

Es gibt keinen Ort, den ein Vater mit seinen pubertären Töchtern entschiedener meiden sollte als ein Schwimmbad. Den männlichen Jugendlichen spritzt das Testosteron aus allen Poren. Und eigentlich will man jedem, der in der Nähe der Tochter seine Runden dreht, eine scheuern; es kann keinen Falschen treffen. Diese plumpen Tricks! Dieses wie zufällige Heranschwimmen und das Drehen immer engerer Kreise! Dieses unverhohlene Starren! Die Arschbomben vom Beckenrand! (Falls hier männliche Teenager mitlesen, glaubt es mir bitte: In der Geschichte der Menschheit hat noch kein Junge ein Mädchen mit einer noch so formvollendeten Arschbombe rumgekriegt. Ich spreche aus Erfahrung.)

Seit ich Töchter habe, sind mir Schwimmbäder zu viel. Zu viel nackte Haut. Und vor allem entwickeln wir Väter einen Blick von adlerhafter Schärfe: Wir sehen zugleich, wie fünf bis sechs Halbstarke unsere Töchter anstarren, obwohl die tätowierten Tunichtgute in ganz unterschiedlichen Ecken des Schwimmbades abhängen.

Klar, wahrscheinlich ist das alles nur Einbildung. Aber Schwimmbäder führen uns wie kein anderer Ort grausam vor Augen, dass unsere Töchter keine Kleinkinder mehr sind, die deswegen angelächelt werden, weil sie so süß mit ihren Schwimmflügeln rudern. Und auch wir selbst, denen uns daheim längst der Zutritt zum Badezimmer verwehrt ist, können die weiblichen Rundungen nicht mehr übersehen. Wir wissen ja, dass sich da was tut, aber muss es denn gleich so viel auf einmal sein?

Ich weiß von anderen Vätern, dass deren pubertierende Töchter passenderweise rechtzeitig ein Schamgefühl entwickelt haben und Schwimmbäder von sich aus meiden. Dieses Glück ist mir nicht beschieden. Denn meine Töchter lieben Pools jeder Art. Dabei sind sie am Strand von Grado aufgewachsen.

Jetzt werden Sie sich vielleicht über meine Scheu wundern, denn meine Töchter verbringen ja drei Monate im Jahr – so lange dauern in Italien die Sommerferien – leicht bekleidet unterm Sonnenschirm. Das ist aber was ganz anderes. Hier sind wir eine große Familie. Einer passt auf den anderen auf. Eindringlinge von außerhalb haben keine Chance; sie werden prüfend beäugt und gegebenenfalls durch die älteren Damen, die mit ihren vereinten indignierten Blicken einen ungeheuren Druck aufbauen können, der dem Hitzestrahl Supermans nur wenig nachsteht, des Ortes verwiesen. Außerdem sind die *bagnini* dank einer kleinen, unauffälligen Geldspende zu Beginn der Saison bei allen Unannehmlichkeiten fest auf unserer Seite.

PROBLEM NR. 10:
Der Freund Ihrer Tochter ist ein Tunichtgut.

»Manchmal sind Eltern mit der Partnerwahl ihrer Tochter nicht einverstanden«, drücken sich Joachim Braun und Kirsten Khaschei erstaunlich diplomatisch aus. Zu alt, ein Macho, aus schwierigen Verhältnissen, kein guter Einfluss, grüßt nicht, sagt nicht Bitte und Danke – die Liste kann sehr schnell sehr lang werden. Doch beide Experten glauben, dass es eher die Ablösung ist, die uns zu schaffen macht. Sie plädieren bei der Partnerwahl der Tochter für »volle Autonomie«.

Na ja.

Bei einem Freund, der, bei aller Toleranz, der Tochter nicht guttut (weil er raucht, trinkt, dealt, schnorrt, achtzehn Jahre älter ist, die Schule ganz ohne glamourösen Grund – »Künstler werden« – abgebrochen hat etc.), werde ich die ganze Härte auffahren, die gerade so möglich ist, ohne dass es die Beziehung zur Tochter oder das gesamte Familiengefüge komplett zerreißt. Und das hat auch einen Grund: Alles, was wir einigermaßen verlässlich über die Teenagerseele wissen, zeigt, dass die eigene peer group – Freundinnen wie der Freund – einen erheblichen Einfluss auf die Entwicklung unserer Tochter hat, und wenn der Einfluss schlecht ist, dann gilt es, Ernst zu machen.

Was heißt »schlechter Einfluss«? Nein, hier geht es nicht um zweifelhaften Musikgeschmack (der ist, wie wir Väter ja genau wissen, bei allen Teenagern grauenhaft), sondern um Drogen und Kriminalität.

Im Übrigen halte ich viel davon, bei problematischen Themen mit Pubertierenden nicht wie mit Kindern, sondern wie mit Erwachsenen zu reden. Sie fühlen sich gleich ernster genommen. »Wir haben ein Problem mit deinem Freund, und das sind unsere Gründe«: keine einfache Gesprächseröffnung, aber manchmal muss es sein. Und als Anker, wenn man sich auf einen schwer zu schluckenden Kompromiss einigt: »Wir geben ihm eine Chance. Aber denk dran: Bei Problemen sind wir für dich da. Immer.«

Luxus Schlaf

Schlaflose Nächte: Die hatten Sie eigentlich nicht mehr, seit Ihre Kinder den aufrechten Gang lernten und etwa um diese Zeit begannen, tief und fest durchzuschlafen.

Nun wird alles anders: Willkommen in der Pubertät. Die ersten Abende und Nächte, die Ihre Töchter auswärts verbringen oder, auch mit Erlaubnis, später heimkommen dürfen, werden Sie ziemlich unruhig im Bett verbringen – und wir reden noch nicht einmal von den Discoabenden, die unweigerlich näher heranrücken. Ein Trost für alle, die darunter leiden: Schlafstörungen scheinen mit einem hohen IQ zu korrelieren, wie die American Academy of Sleep Medicine herausfand. Auch andere Studien haben einen Zusammenhang zwischen Genialität und unruhigen Nächten festgestellt. Kreative, intelligente Menschen können einfach nicht abschalten, und allzu viele schwere Gedanken sorgen für Unruhe auf dem Laken. (Und als jemand, der ein Buch kauft und sich Erziehungstricks nicht aus dem Internet runterlädt, sind Sie sehr wahrscheinlich kreativer und intelligenter als der Bevölkerungsschnitt.) Wie bei vielen Angstzuständen ist es unsere Kreativität, die uns einen Streich spielt, indem wir uns nämlich mit der Kraft unserer lebhaften Fantasie vorstellen, was unserer Tochter da draußen in der dunklen Welt alles passieren könnte und welche Gefahren unserem Sohn drohen. In Dietmar Bittrichs »Einschlafbuch für Hochbegabte« ist nachzulesen, mit welchen Tricks Genies zu schlafen versuch(t)en. Vielleicht sind ja ein paar Tipps für Sie dabei?

- John Le Carré liest ein Buch und jeden einzelnen Satz darin von hinten nach vorn, um müde zu werden

- Der Dalai-Lama schaut auf die Zwischenräume zwischen den Wörtern
- Woody Allen betrachtet koreanische Schriftzeichen
- Friedrich der Große ordnete seine Zinnsoldaten
- Karl Marx pflegte stundenlang seinen Bart
- Charlie Chaplin jonglierte mit Bällen
- Friedrich Hölderlin wanderte in seinem Wohnzimmer rechtsherum im Kreis, nie linksherum
- Thomas Mann las Kinderbücher (»Sie lösen die Knoten der verschlungensten Gedanken«)
- Konfuzius hielt sich eine Zikade im Schlafzimmer
- Kleopatra ließ einen plätschernden Bach in ihr Gemach umleiten
- Albert Einstein nahm seinen alten Teddybären mit ins Bett
- Emma Thompson macht ihre Steuererklärung
- Regisseur James Cameron sortiert Bücher aus
- Ernst Jünger legte sich in eine Badewanne voll kalten Wassers
- Theodor Fontane zeichnete Adelswappen heraldisch exakt ab
- Agatha Christie wienerte Gläser
- Galileo Galilei las das Alte Testament auf Hebräisch – obwohl er keine drei Worte Hebräisch konnte

Ich persönlich neige bei Schlaflosigkeit gern zu Cabernet Sauvignon, aber auf Dauer ist das ja auch nicht das Wahre, zumal sich die Ausgehfrequenz meiner Töchter in den nächsten Jahren sicher noch steigern wird. Gestern habe ich mich tatsächlich dabei erwischt, wie ich nach dem »Großen Buch der Adelswappen« googelte.

Gemeinsam unterwegs

Vater und Teen außerhalb des natürlichen Habitats –
es gibt viel zu erleben, im Auto wie im Urlaub.

Sing deinen Song

Meine älteste Tochter ist nicht nur sportlicher, hübscher und viel netter zu Fremden als ihr Vater. Sie hat auch viel blondere Haare als ich und lacht immer, wenn andere Italiener mich als blond bezeichnen. Klar, neben meiner pechschwarzen Frau wirken meine Haare geradezu golden, aber genauer betrachtet, sind sie doch eher bräunlich. Und sie werden seit ein paar Jahren an den Schläfen bedenklich grau.

Aber in einem erkenne ich unsere Verwandtschaft: Von Dingen, die ihr gefallen, ist sie genauso besessen wie ich. Sie hat sich den Trailer zur TV-Serie »Sherlock« etwa hundertfünfzig Mal angeschaut. In zwei Tagen! Und es ist völlig verrückt: Sie hört sich den Trailer auf Bus- oder Autofahrten auch an, also ganz ohne Kinobilder. Die Welt des Harry Potter hat schon längst keine Geheimnisse für sie, denn sie kann ganze Absätze auswendig zitieren. Und die sind bei Harry Potter gar nicht mal so kurz!

Sie ist auf eine einmalige Weise vernarrt in Dinge. Ein gemütliches, eher indifferentes »Gefällt mir« gibt es nicht in ihrer Welt. Zugegeben: Ebenso schnell erkaltet ihr Interesse. Aber bis zu dieser Erkaltung lodert es mit der Oberflächentemperatur der Sonne.

Und das erinnert mich doch stark an sie. Ich bin das wandelnde Strohfeuer. In dem Alter meiner Tochter lernte ich aus

Gründen, die ich heute nicht mehr nachvollziehen kann, den Katalog von Märklin und Faller auswendig. Und wenn ich mich recht erinnere, waren auch die Panini-Alben der Jahre 1979, 1980 und 1981 meine Begleiter in einem so engen Sinne, dass ich die Spielerkarriere eines Bernd Gersdorff – und die von mindestens zweihundert seiner Kollegen – präzise vorbeten konnte (Alter, Verein, Vorgängerverein, Zeit der Zugehörigkeit, Zahl der Bundesligatore). Zudem betätigte ich mich als Mineraliensammler, Flugzeugbastler (Revell! Airfix!) und Entschlüsseler von Hieroglyphen. Aber ich agierte viel zu oberflächlich, um je irgendwo etwas Bedeutendes zu erreichen. Einmal beschloss ich (mit vierzig!), fortan Korkenzieher zu sammeln, inspiriert vom bildhübschen Musée de tire-bouchon in Vaucluse. Eine meiner letzten Schrullen (mit dreiundvierzig!) war es, antike Golfbücher zu sammeln; also gab ich innerhalb von wenigen Tagen einen niedrigen vierstelligen Betrag aus, um mir aus aller Welt eine Bibliothek zusammenzukaufen. Der Familienurlaub musste ausfallen, tut mir leid. Aber dafür besitze ich das erste Buch in deutscher Sprache, in dem der Golfsport erklärt wird. Es stammt aus dem Jahr 1878. Nur, falls Sie interessiert sein sollten ... Und wenn mir ein Song gefällt, dann kaufe ich ihn bei iTunes und höre ihn zehn bis fünfzehn Mal am Tag, bis ich ihn nie mehr hören will und er für immer auf irgendeiner dunklen Playlist verschwindet, wie eine Exfreundin, die einem peinlich geworden ist.

Die so zielgerichtete Begeisterungsfähigkeit meiner Tochter ist faszinierend, es scheint aber vielen Teenagern so zu gehen, bis sich im Erwachsenenalter eine gewisse Abgeklärtheit einstellt. Ich bin halt irgendwie in der Entwicklung stehen geblieben.

Ihre Leidenschaft aufrichtig zu teilen ist nahezu unmöglich, denn Teenager besitzen einen eingebauten Heuchel-Detektor.

Doch ein bisschen Empathie und das Nachfragen im richtigen Moment (»Erklär's mir noch mal: Warum hat Harry nicht Hermione geheiratet?«) hat noch keiner Vater-Teenie-Beziehung geschadet.

Ein einziges Mal trifft sich die Besessenheit meiner Tochter mit der meinen. Aus irgendeinem Grund ist der uralte Song »Video Killed the Radio Star« von den Boggles einer, der uns beiden gefällt. Es war der erste Song, der auf MTV lief, das wissen die meisten Musikfans. (Doch welches war der erste Song, der auf MTV Europe lief? »Money for Nothing« von den Dire Straits, mit der Zeile »I Want My MTV«.) Aus irgendeinem rätselhaften Grund wird dieser Song dauernd im italienischen Radio gespielt. Und wann immer er kommt, singen wir beide mit.

Wir singen furchtbar falsch.

Aber wir singen zusammen falsch.

Endlich weg! (Aber mit der ganzen Familie)

Ah, Urlaubszeit. Aber wohin? Auch hier – gerade hier! – gilt es ein paar Dinge zu beachten, damit die zwei, drei Wochen wirklich erholsam werden und niemand hinterher traumatisiert und therapiebedürftig in den Alltag zurückkehren muss. Bedenken Sie, dass Sie vierundzwanzig Stunden aufeinanderhocken. Weder Schule noch Büro stehen Ihnen und Ihren Chaoten als Rückzugsmöglichkeit zur Verfügung. Sie sollten deswegen schon ein paar Gedanken daran verschwenden, wohin es gehen könnte und wie man alles so hinkriegt, dass kein permanenter Krieg herrscht.

Ich würde zu Hotel statt Ferienapartment tendieren, wenn

die Teenies schon daheim keine Lust auf Tisch decken und Abwaschen haben. Denn dann ist der Urlaub nicht die richtige Zeit, diesen Kriegsschauplatz zu eröffnen. Allerdings sind Ferienapartments meist deutlich größer als Hotelzimmer. Wer also Platz braucht, ist mit einem Apartment besser beraten, zudem Pubertierende gern etwas Privatsphäre haben. Thema Camping: Genau aus diesem Grund ist Camping für Teenager selten das Wahre, aber das mag von Familie zu Familie unterschiedlich sein.

Dass Kinder in diesem Alter nicht Fisch noch Fleisch sind, habe ich sehr anschaulich gemerkt, als ich die Familie zwischen Weihnachten und Neujahr 2016 für zwei Tage in ein Hotel am Gardasee entführte. Meine Tochter, damals vierzehn, zahlte im Hotel den vollen Erwachsenenpreis. Sie durfte aber den Hotelpool nicht ohne Begleitung eines Erwachsenen betreten. Absurd, oder? Zumal pubertierende Töchter im Hotel die friedlichsten Geschöpfe sind. Musik hören sie über Kopfhörer, und im Hotelpool planschen sie nicht rum (»uncool«), sondern wälzen sich auf der Liege in ihrer Langeweile. Leider habe ich von der Ausweisung erst auf der Rückfahrt erfahren, und den Brief an die Hotelleitung, mit extra vielen Ausrufezeichen, habe ich dann doch nicht abgeschickt.

Wenn wir über den Sommerurlaub reden, dann sollte es definitiv in die Sonne gehen. In die *sichere* Sonne, also gen Süden (sorry, Föhr. Ich liebe dich, aber gib mir noch ein paar Jahre, bis ich zu dir zurückkehre). Italien und Spanien sind robuste, bewährte Teenie-Ziele, die in den Kids oft eine lebenslange Südsehnsucht auslösen, was ja nie verkehrt ist und dem eigenen Empfinden nur guttut. Und dort kostet der Urlaub auch nicht mehr als an der Nord- und Ostsee, wo schon mal ein Tiefdruckgebiet auf die Stimmung schlägt.

Ich kenne nicht alle Teenager dieser Welt, aber ich bin noch keinem begegnet, der im Sommer gern in den Bergen wandert. Wenn Sie auf ein paar anständige Märsche über schmale Pfade in der Höhenluft nicht verzichten wollen, dann sorgen Sie wenigstens dafür, dass die Tochter oder der Sohn eine vernünftige Thermenlandschaft zur Verfügung hat. Und lernen Sie zu feilschen: Ja, Ihr Kind soll doch einmal mit auf eine Wanderung kommen. Dafür hat es am nächsten Tag Spa-Freizeit und muss die Kopfhörer gar nicht mehr abnehmen.

Übrigens hat ein Urlaub auch seine Tücken. Die australische Anwaltskanzlei Slater & Gordon, spezialisiert auf Familienrecht und eine der größten Kanzleien weltweit, befragte 2128 verheiratete und geschiedene Paare, die explizit angaben, einen Urlaub unternommen zu haben, um eine Ehekrise zu kitten. Doch nur 36 Prozent gaben an, der Trip hätte geholfen; 40 Prozent befanden, es sei schlimmer geworden, 27 Prozent ließen sich innerhalb von zwei Wochen nach der Rückkehr scheiden. Immerhin 15 Prozent gaben an, erst der Urlaub habe ihnen gezeigt, dass sie nicht mehr verliebt seien, und resolute 8 Prozent brachen die Reise gar vorzeitig ab. »Viele Paare glauben, die Urlaubszeit, in der es weniger Alltagsstress gibt, könne die Eheprobleme lösen«, sagt die Scheidungsanwältin Amanda Mc-Alister, »aber weil ein Urlaub nur ein artifizielles Umfeld gewährt, verschwinden die Probleme nicht einfach, sobald man wieder im normalen Leben angekommen ist.« Zudem bietet ein Urlaub weniger Fluchtmöglichkeit vor Konflikten als der Alltag; mitunter kracht es im engen Hotelzimmer erst richtig. Die Untersuchung beschäftigte sich nur mit partnerschaftlichen Problemen, aber ich würde einmal darauf wetten, dass sich vieles davon eins zu eins auf problematische Eltern-Teenager-Beziehungen anwenden lässt. Wenn es also irgend möglich ist, nehmen Sie sich keine Grundsatzdiskussionen vor, und packen Sie wenig Zündstoff ins Gepäck. Das macht das Reisen leichter.

Hoffnung im Kräutergarten

Als Vater hat man noch Träume. Und man liest ja immer in Biografien von Spitzenköchen, wie diese schon als Dreijährige in der Küche mithalfen, wie sie mit sechs ihre ersten Gerichte aus Büchern nachkochten und mit zwölf nichts lieber machten, als die ganze Familie mit überraschend kreativen Gerichten zu verwöhnen. Wäre das nicht ein Lebensweg für die eigenen Chaoten?

Doch für die eigene Brut ist die Küche *terra incognita*. Meine beiden krähen nur nach Pommes, Püree und Pizza. Und Papis Bratkartoffeln. Fisch, Käse, Gemüse – alles nicht so ihres. Tagsüber essen sie ohnehin nichts, was nicht fingerdick mit Nutella beschmiert ist.

Immerhin haben sie ihre Nase tief in Büchern (sogar auf echtem Papier), während sie darauf warten, dass Papa ihnen das Abendessen aufträgt. Deswegen will ich nicht allzu hart mit ihnen sein. Ihre Freundinnen, die Müll essen *und* nur auf Instagram rumhängen – die werden es echt schwer haben im Leben.

Aber man hofft. Und versucht die Töchteroptimierung im italienischen Sommer. Das »L'Andana Tenuta La Badiola« ist trotz des sperrigen Namens ein Paradies in der Maremma im Süden der Toskana. Kein Hotel bietet eine toskanigere Auffahrt – ein Schotterweg, gesäumt von Zypressen und Schirmpinien, und auf den Feldern daneben grasen die hauseigenen Chianina-Rinder, und rund um das Haupthaus wachsen Weinberge. Enrico Bartolini, der Chefkoch, kann mit Kindern und bietet altersgerechte Kochkurse an.

Enrico führt uns in den Kräutergarten und lässt die Töchter an Rosmarin, Salbei, Petersilie, Thymian riechen. Die Racker schlagen sich tapfer, erkennen überraschend vieles und scheinen auf den Geschmack gekommen. Danach dürfen sie Nudelteig kneten, und sie scheinen vorerst Spaß daran zu haben. Mit nervös zuckendem Augenlid beobachtet Papa, ob sich erste Anzeichen von Langeweile einstellen – Gesten und Augenbewegungen, die jeder Vater schon im Entstehen erkennt, ja geradezu antizipiert.

Später, beim Abendessen, schlafen sie am Tisch ein, noch bevor die eigens zubereiteten Spaghetti aufgetragen werden. Einfach so, mit dem Kopf auf der Tischplatte und beide zugleich. Gut so, das gibt uns Zeit, uns ungeniert dem Wein zu widmen.

Die Kinder wachen auf, wir lassen sie am Glas schnuppern. Sie verziehen angewidert das Gesicht. Aber das ist in dem Alter ja noch ein gutes Zeichen.

Curb your enthusiasm

»Also, hör zu: Wir haben eine Vierzig-Meter-Jacht für deinen Geburtstag gemietet, du darfst zweihundert deiner besten Freundinnen einladen, und, ach ja, Justin Timberlake kommt und singt live.«

»Toll.«

»Ihr könnt Wasserski fahren, so viel ihr wollt, und zum Abschluss gibt es ein Feuerwerk auf einer Privatinsel. Dort übernachtet ihr auch in luxuriösen Bungalows.«

»Wow.«

»Nur die Sache mit den grünen Gummibärchen, die du auf dem Tisch haben willst, klappt nicht. Wir haben alle anderen Farben aufgetrieben, aber nicht die grünen.«

»Was? Oh nein! Dieser Geburtstag wird der schrecklichste Tag meines Lebens!«

Ein praktischer Ratschlag, der Ihnen viele Unannehmlichkeiten erspart: Versprechen Sie niemals zu viel. Halten Sie den Enthusiasmus möglichst weit am Boden, denn Teenager sind diesbezüglich gnadenlos.

Ich habe diese Lektion kurz vor der Pubertät meiner Töchter gelernt und bin bis heute froh drum. Das Schlosshotel Hardenberg liegt bei Göttingen am Südrand des Harzes und ist eine Deutschland-Essenz – also eine Essenz jenes Deutschlandbildes, das in Italien vorherrscht, wo man interessanterweise seltener an Nürnberger Parteitage und Stuka-Angriffe denkt wie beispielsweise in England, sondern eher an eine idealisierte Kleinstadt wie aus einer Disney-Verfilmung von Grimms Märchen. Im Schlosshotel Hardenberg gibt es überall Wappen und Ritterrüstungen und Fachwerk und ausgestopfte Keilerköpfe. Umgeben ist das Haus von dunklen Wäldern, und aus dem hoteleigenen Gestüt springen edle Pferde umher. An der berühmten Schnapsbrennerei lotste ich die Kinder natürlich vorbei. Das Hotel bietet alle Ingredienzen für ein gutes, edles Deutschland; man glaubt, jeden Augenblick würden Goethe und Schiller um die Ecke kommen, jeder einen Stapel Manuskripte unter dem Arm, eifrig miteinander diskutierend.

Und daher musste ich meine Familie einfach dorthin bringen, was diese auch gern mit sich geschehen ließ. Irgendwann kurz vor Reiseantritt ließ ich den Begriff »Kinderecke« fallen, mit der das Hotel tatsächlich auf seiner Webseite warb. Diese

Kinderecke wurde während der gesamten langen Autofahrt von meinen Töchtern ausgiebig diskutiert, und zwar gerade die Frage, ob sie nicht nur kleine Kinder, sondern auch junge Erwachsene wie sie befriedigen würde, während ich allmählich begann, mir Sorgen zu machen. Eine Karaoke-Station werde mit Sicherheit dabei sein, spekulierten sie, vielleicht auch ein Kugelbad wie bei Ikea, wozu man sich ja auch mal wieder herablassen würde, zumal Sheldon Cooper von »The Big Bang Theory« in einer legendären Folge sich ebenfalls darin vergnügte. Kurz vor dem Hotel war aus der Kinderecke bereits ein separates Gebäude mit Pool und Disco geworden.

Die Kinderecke des Hotels mussten wir lange suchen. Sie bestand aus einem feuchten Pappkarton, der in einer Ecke im Restaurant stand. Der Pappkarton enthielt ein Mensch-ärgere-dich-nicht-Spiel mit vergilbtem Spielbrett und fehlenden Figuren sowie eine von irgendeinem Tier angenagte Plastikpuppe. Die Gesichter meiner Kinder hätten Edvard Munch gut gefallen, und nichts, wirklich nichts, konnte die Enttäuschung wieder wettmachen, zumindest für den ersten Abend.

Der Aufenthalt dort war wunderschön, wir hatten zu einem vernünftigen Preis eine riesige Familiensuite bekommen, und ich durfte sogar Golf spielen, ohne dass irgendjemand, der denselben Nachnamen trug wie ich, mit mir schimpfte.

Doch noch heute, zwei Jahre später, höre ich mir Vorwürfe wegen der versprochenen »Kinderecke« an. Und ich werde den Teufel tun, jemals wieder einen ähnlichen Fehler zu begehen.

Als es in diesem Sommer in ein neues Hotel nach Kroatien ging, malte ich denn auch das Reiseziel in den übelsten Farben aus; als unangenehmes Ostblock-Wohnsilo direkt neben einer stinkenden Chemiefabrik und mit uniformierten Gefängnisaufseherinnen auf jedem Hotelflur, die genauso bellten wie deutsche Bösewichte in internationalen Filmen. Die vier Stunden Autofahrt verliefen entsprechend unterkühlt.

Das »Iadera« in Zadar war das Paradies, und ich bin wirklich selten euphorisch. Pools, kilometerlanger Traumstrand, karibisch klares Meer, alle möglichen Wassersportspäße wie zum Beispiel mit dem Fallschirm hinter einem Boot herschweben, was meine Töchter und meine Frau natürlich sofort taten, Restaurants, wo man mit den Füßen im Wasser planschte, dazu ein riesiges Familienapartment mit drei Schlafzimmern und drei Bädern. Und das kann ich meinen Töchtern selbst jetzt, nach acht Monaten, noch entlocken: Es war der beste Urlaub, den sie je hatten.

Die Holzklauerbande

Es ist wahrlich nichts, auf das man stolz sein sollte, dennoch war diese kriminelle Aktion ein königliches Gefühl, das meine Töchter und mich zusammenschweißte und uns sogar jetzt noch kichern lässt.

Folgendes war geschehen: Wir hatten uns für ein verlängertes Dezemberwochenende eine Almhütte in Kärnten gemietet – eine Hütte, die wir schon gut kannten und auf die wir uns sehr freuten. Es herrschte ungewöhnlich kaltes, klares Wetter, und auf dem Weg durch die Dörfer fielen uns aus irgendeinem Grund die vielen Holzstapel vor den Häusern und Hütten auf. Ach was, Stapel: Es handelte sich um Berge, oft genauso hoch wie die Häuser selbst. Die Kärntner Landbevölkerung scheint das ganze Jahr über nichts anderes zu tun, als Holz zu schlagen, zu sägen, mit der Axt zu Scheiten zu zerhauen und aufzuschichten. Wie bei den Geschlechtertürmen im toskanischen

San Gimignano scheint es sich bei den Holzmonumenten um ein Status- und Potenzsymbol zu handeln, das den Nachbarn anzeigt, wie sehr man selbst auf Zack ist. Ein Verbrennen dieser Holzmengen in einem Winter, ja überhaupt in einem Jahrzehnt erschien uns als unmöglich.

In jedem Fall redeten wir uns gewissermaßen an den Holzscheiten warm und freuten uns auf den Kamin in der Almhütte, der uns wie jedes Jahr erwartete.

Nun ja, wir kamen an und gingen essen, denn für meine Töchter ist ein Bergurlaub ohne Frittatensuppe wie ein Bergurlaub ohne Berge. Anschließend wollten wir noch bei einem Supermarkt vorbeischauen, um feuerfertige Pressspanscheite zu kaufen, was natürlich in Kärnten etwa so ist, als würde man auf der Mailänder Via Montenapoleone mit Kik-Klamotten auf und ab laufen. Doch wir hatten noch italienische Supermarktöffnungszeiten im Kopf, nicht die österreichischen. Wir standen vor verschlossenen Türen und fuhren etwas geknickt heim. Würde der heutige Abend ohne Kaminfeuer stattfinden, nachdem wir praktisch seit Stunden über nichts anderes mehr geredet hatten?

In der Dunkelheit sahen wir die Holzscheite in den Häusern drum herum. Ob man sich nicht einen Scheit von dort – aber nein, das war ja glatter Diebstahl. Doch ein Kamin ohne Feuer ist ein sehr trauriger Anblick, der unseren hohen moralischen Werten mehr und mehr zusetzte. Und schließlich schlich ich mich unter den Protesten meiner Frau aus der Hütte und stahl mich zum Nachbarn rüber. Erschwerend kam hinzu, dass Licht brannte. Meine Töchter waren mir gefolgt und kicherten vor Aufregung.

Ich schlich zum Stapel und zog mit spitzen Fingern einen Scheit hervor, schob ihn mir ungeschickt unter die Daunenjacke (den kleinen Riss sehe ich heute noch), spurtete heim, als wäre der Teufel hinter mir her, und legte ihn uns in den Eingang. Meine Töchter, immer noch kichernd, taten es mir gleich, und nach ein paar Minuten waren wir auf den Geschmack gekommen und hatten gerade so viel abgetragen, dass es für ein abendliches Kaminfeuer reichte, und gerade so wenig, dass es nicht weiter auffallen sollte.

Damit nicht genug: Wir mopsten auch die künftigen beiden Tage ein paar Scheite, einmal direkt von einem Restaurant, in dem wir gegessen und in dem die Scheite vor der Tür nur zu Dekorationszwecken geschichtet waren.

Für das Stehlen von Feuerholz wurde man in England noch bis ins 18. Jahrhundert hingerichtet, doch seit diesem gemeinschaftlichen Diebstahl können wir an keinem Holzstapel vorbeigehen, ohne uns verschwörerisch anzuschauen. Es ist beinahe ein gut einstudiertes Theaterstück geworden: Wir stoßen uns heiter an, meine Frau verdreht auf Kommando die Augen und bringt einen Spruch, der eine immer neue Variation jener Aussage darstellt, dass die Deutschen auch nicht mehr das sind, was sie mal waren.

Ach, es war das schönste gemeinschaftliche Erlebnis von uns dreien. Wenn jetzt ein Film in Ihrem Kopf abläuft, dann stellen Sie sich als Hintergrundmusik dazu »Brothers in Arms« vor.

Sind auch wir nur vierzigjährige Pubertierende?

Zu diesem infantilen Holzklau passt folgende Beobachtung: Die Teenager werden älter und schreiten mit wenig eleganten, ausladenden Schritten aufs Erwachsenenalter zu. Darin verborgen liegt eine andere, äußerst naheliegende und doch von uns

Vätern erfolgreich verdrängte Erkenntnis: Auch wir werden älter. Wir sind nicht mehr die dynamischen jungen Väter von einst, sondern schon näher am Großvaterdasein, als uns lieb ist. Die Haare werden dünn und grau, die Falten um und unter den Augen können wir nicht mehr auf die letzte Nacht schieben. Das Übergewicht hält sich immer hartnäckiger und muss immer radikaler bekämpft werden. Früher reichten ein paar entschlossene Spaziergänge, heute muss der Halbmarathon her, flankiert von einer rigiden Diät. Oder man gibt den Kampf einfach auf – eine Option, die ich von Tag zu Tag verlockender finde. Im Kapitel »Papa und der Igel« habe ich ja schon geschildert, wie sogar die eigenen Kinder den körperlichen Verfall mitbekommen.

Jedenfalls geht es in diesem Buch nicht nur um die pubertierenden Kinder, sondern auch um die darunter leidenden, die sich hinterfragenden und die manchmal verzweifelten Väter. Denn uns hilft ja keiner: Wir müssen das Schlamassel selbst lösen.

Doch umgekehrt werden wir Väter im Kopf immer jünger, wie der »New Yorker« festgestellt hat. Disneyland-Vergnügungsparks, einst für die Kinder konstruiert, sind längst zum Ziel für die ganze Familie geworden, und für die Erwachsenen gibt es ja auch noch die Hard-Rock-Cafés oder Las Vegas. Wir schauen Steven-Spielberg-Filme wie »Indiana Jones« und »Jurassic Park« oder die sieben Teile von »Star Wars«, allesamt Filme, die als Hybrid für Kinder wie für Erwachsene funktionieren, und wir fühlen uns als Vierzigjährige wie sehr glückliche Viertklässler in einem Wunderland. Zeichentrickserien wie die Simpsons sind ebenfalls für uns gemacht, bis noch vor wenigen Jahren war Eiscreme etwas für Kinder unter zwölf, und Comics haben es in die Hochkultur geschafft. Als wir jung waren, war alles, was aus Plastik war und Knöpfe hatte, ein Spielzeug; heute ist es ein Smartphone.

Die Welt ist seltsam: Kinder wollen unbedingt erwachsen werden, und Erwachsene kleiden sich neuerdings wie Kinder. In den USA schminken sich schon achtjährige Mädchen und rasieren sich die Beine. In extremen Fällen werden Fünfjährige mit Dauerwelle versehen in Designerkleider gesteckt und auf Schönheitswettbewerbe geschickt. Längst aber schlagen die Erwachsenen zurück: Sie verhalten und kleiden sich ganz bewusst wie Kinder. Für diese neue Gruppe ist das Wort »Kidults« erfunden worden, eine Mischung aus »Kids« und »Adults«. Es mag noch harmlos sein, dass Vierzigjährige plötzlich Micky-Maus-Shirts tragen, auch der Siegeszug von Hello Kitty in die Haute Couture lässt sich noch belächeln. Bizarr wird es jedoch, wenn eigene Modeläden für Erwachsene Kinderkleidung in Übergrößen anbieten – etwa in Tokio. In London, Leeds und Newcastle ist es zum Trend geworden, als *Twentysomething* in knapper Schuluniform in Themendiscos zu strömen. Doch die Infantilisierung macht nicht vor der Mode halt, sondern reicht auch bis in die Populärkultur. Der phänomenale Erfolg der Adoleszenten-Saga »Twilight« (sechzehnjähriges Mädchen liebt jungen Vampir) gerade bei Erwachsenen ist dafür ein Indiz. Ganz schön kindlich – beziehungsweise kindisch … Und damit nicht genug: Sie und ich, wir kleiden uns in unserer Freizeit mit Turnschuhen und Polo-Shirts, also genau so wie unsere Kinder, wenngleich diese mit anderen Marken ihre Distinktion bewahren. Schauen Sie sich alte Fotos aus Fußballstadien an. Dort sehen Sie Männer mit Hut, Anzug und Krawatte.

Wenn dieser Trend so weitergeht, dann nähern wir uns unaufhörlich unseren Kindern. Vielleicht besteht ja bald die ganze Welt aus pubertierenden Jugendlichen jeden Alters. Bei manchen aktuellen politischen Entwicklungen kann man zumindest diesen Eindruck bekommen.

PROBLEM NR. 11:
Ihr Teenager will nicht mehr mit in den Urlaub.

»Es kann gut sein, dass Ihre vierzehnjährige Tochter plötzlich nicht mehr mit Ihnen und der gesamten Familie in den Urlaub fahren will«, reiben es uns Joachim Braun und Kirsten Khaschei unter die Nase. Wieder einmal ist es Ausdruck zunehmender Autonomie, dahinter steckt der unaufhaltsame Prozess des Erwachsenwerdens. Immerhin werden ja betreute Jugendreisen vom Jugendamt, den Kirchen, den Sportvereinen und allerlei privaten Veranstaltern angeboten. Aber was, wenn sie plötzlich mit ihrer besten Freundin durch Europa reisen will – oder, noch besorgniserregender, sich ganz allein auf den Weg macht? »Lassen Sie sie ziehen, aber behalten Sie sie im Blick.« Ja, wie? Mit einer Drohne?

Familie ist Familie, und der Familienurlaub sollte heilig sein. Man kann ihn so gestalten, dass er auch der pubertierenden Tochter gefällt, etwa in einem Sporthotel, mit Pferden, Strandspaß oder Animation – es gibt ziemlich viele Möglichkeiten, und mir ist das in den letzten Jahren jedenfalls immer gelungen (siehe Anhang). Auch ich selbst und meine Schwester haben als Pubertierende die Reise mit den Eltern in ein geheimnisvolles, wunderschönes und fremdes Land (damals, in den 1980ern, Italien) immer genossen. Wir, ziemlich schwierige Heranwachsende, waren zum gemeinsamen Spaghetti-Essen am Abend sehr gern zur Stelle.

Überm Tellerrand

Von Teenagern, die die Welt erobern oder
Stiche von Feuerameisen aushalten müssen –
und wie war das eigentlich früher?

Haben erst Verbrennungsmotoren den modernen Teenager erschaffen?

Was für eine verrückte Frage, denken Sie. Doch die Antwort ist weniger verrückt, als man glauben könnte. Denn noch im 19. Jahrhundert gab es nur zwei Zustände eines Menschen: Kind und Erwachsener. Erst in den 1920er-Jahren konnte überhaupt so etwas wie der moderne Teenager entstehen, und das liegt vor allem am Verbrennungsmotor, meint die Forschungsgruppe Independence Hall Association aus Philadelphia. Busse brachten Schüler nun in große Schulen weit außerhalb des Ortes; die Zeit der dörflichen Volksschule mit allen Klassen unter einem Dach (und oft genug in einem einzigen Raum – und mit Verwandten als Lehrern) war endgültig vorbei. Diese räumliche Unabhängigkeit von den Eltern in einem weitgehend anonymen Umfeld war für die Kinder etwas völlig Neues, was es in der Geschichte noch nie gab. Außerdem wurde die Schulzeit verlängert, weil man besser ausgebildete Kinder brauchte, was das Zeitfenster der relativen Unabhängigkeit noch einmal vergrößerte. So entwickelten Schulen bald ihre eigenen kulturellen Muster und Rituale, von Klubs bis zum Schulsport, in jedem Fall ganz weit weg von der Kindheit daheim oder der Arbeitswelt eines Erwachsenen. Die größere Mobilität bedeutete aber auch eine sexuelle Revolution. Früher heiratete man, war man erwachsen geworden, jemanden aus dem Ort und auch fast immer aus der gleichen Schicht, denn die Berührungspunkte mit »Fremden« waren praktisch nicht vorhanden. Wen sollte man denn wo kennenlernen? Man hatte ja keine Wahl! Doch nun war die Zahl möglicher Liebschaften oder Ehepartner plötzlich exponentiell vergrößert. Per Bus oder gar im eigenen Auto konnte man zu Orten fahren, die noch ein, zwei Generationen zuvor eine Tagesreise bedeutet hätten. Und gerade in den USA spielte (und spielt) das Auto auch eine wichtige Rolle als Raum sexueller Annäherungen; undenkbar, dass man sich nach oben ins Kinderzimmer hätte zurückziehen dürfen. Dates fanden früher unter der Aufsicht der Eltern statt, und mit viel Glück durfte man irgendwann einmal gemeinsam und ohne Vater und Mutter durch den Ort bummeln gehen.

Der Verbrennungsmotor änderte alles. Der Teenager war geboren – und hatte seinen Entfaltungsraum gefunden.

Die dreißig einflussreichsten Teenager der Welt

Diese Überschrift steht nicht nur in diesem Buch, sondern auch jedes Jahr im renommierten *Time Magazine*. Dort werden tatsächlich die einflussreichsten Teenies der Welt gewählt und den Leserinnen und Lesern mit einem ausführlichen Lebenslauf vorgestellt. Bei Recherchen zu diesem Buch stieß ich auf diese Liste und dachte mir: Was können das schon für Nasenbohrer sein?

Die Liste beginnt mit der vierzehnjährigen Maddie Ziegler, die in Popvideos und als Synchronstimme in Animationsfilmen auftritt und zudem ihre eigene Bekleidungslinie »Maddie« gegründet hat. Die ebenfalls vierzehnjährige Skai Jackson ist ein

Disneystar und schafft es sogar, ihr eigenes Internet-Meme zu befeuern. Auch Logan Guleff ist erst vierzehn und trat schon als Neunjähriger im Fernsehen auf, weil er Kochwettbewerbe links und rechts gewann: Gerade wurde er von der Zeitschrift Southern Living zum besten neuen Südstaatenkoch der USA gewählt. Rachel Zietz, inzwischen sechzehn, gründete schon als Zwölfjährige eine Firma für edle Lacrosse-Ausrüstung, die inzwischen Produkte im Wert von zehn Millionen Dollar absetzt. Die sechzehnjährige Kiara Nirghin aus Südafrika – ein Land, das 2016 unter verheerender Trockenheit litt – entwickelte ein spezielles Polymer, das Wasser auffängt, aber im Gegensatz zu Konkurrenzprodukten auf schädliche chemische Zusatzstoffe verzichtet. James Charles, sechzehn Jahre alt, ist Fotomodell für Mädchenmagazine und hat siebenhunderttausend Follower auf Instagram, während der Pakistani Sumail Hasan, ebenfalls sechzehn, als Michael Jordan der Computerspiele gilt. Wie Sie vielleicht wissen, kann man auch damit inzwischen Millionen verdienen. Amandla Stenberg ist trotz ihrer siebzehn Jahre eine der bekanntesten Polit-Aktivistinnen der USA, der siebzehnjährige Ben Pasternak schreibt Spiele fürs Smartphone, was ebenfalls zu einem Millionenbusiness angewachsen ist – und dafür muss er nicht einmal sein Haus in Sydney verlassen. George Matus erfindet Drohnen und wird unter anderem von dem deutsch-amerikanischen Milliardär Peter Thiel unterstützt, der sein Geld auch deswegen machte, weil er früh an die Idee Facebook glaubte. Und Malala Youzafzai wurde mit siebzehn die jüngste Friedensnobelpreisträgerin aller Zeiten, was sie nur noch mehr anspornte; sie brachte die Staats- und Regierungschefs dieser Welt allein 2016 zu Spenden von 1,4 Milliarden Dollar für ihre Stiftung, die sich für Frauenbildung einsetzt. (Und weil man Gutes unterstützen sollte: Spenden via www.

malala.org.) Und das ist nur ein kleiner Teil der Liste: Sportlerinnen, Sänger, Models, Obamas Töchter, Will Smiths Sohn und andere genetische Glücksfälle habe ich weggelassen.

Während die eigenen Töchter auf dem Sofa liegen und den Wunsch nach einer heißen Schokolade kundtun – und selbst das nur genuschelt –, haben andere Teenager weltumspannende Firmenimperien geschaffen. Wie es wohl wäre, der Vater eines Multimillionärs zu sein, der Geld mit Dingen verdient, die es vor zehn Jahren noch gar nicht gab? Wie würde sich das innerfamiliäre Machtgefüge verschieben, wenn weder die Ehefrau noch der Ehemann das meiste Geld ins Haus bringt? Welches vermutlich auch bereits das Haus des Teenagers ist?

Mit etwas Gruseln erinnert mich all das an die Geschichte von Lars Windhorst, der als Sechzehnjähriger irgendwelche Hochhäuser in Fernost bauen wollte, überall im schnieken Anzug auftrat und sogar von Helmut Kohl protegiert wurde. Klar, so ein naseweises Bürschchen will man auch nicht daheim haben. (Andererseits: Sich in den Achtzigerjahren als Sechzehnjähriger im Anzug an der Seite Helmut Kohls zu zeigen, hatte im besten Sinne was von Punk.) Aber könnte das eigene Kind nicht trotzdem ein Mittelding werden? Mit ein klein wenig mehr Antrieb? Meine älteste Tochter liest praktisch pro Tag ein Buch. Über meine Idee, einen Instagram-Account à la »Deutsch-italienischer Bücherwurm« zu machen oder gar die Bücher auf YouTube zu besprechen und innerhalb weniger Monate zur einflussreichsten Kritikerin der Jugendbuchszene aufzusteigen, schüttelt sie nur lächelnd den Kopf. Um genau zu sein: mitleidig lächelnd. Wir Eltern begreifen dieses Internet eben nicht so richtig.

Man müsste sich allerdings auch einmal den Spaß machen, die erfolgreichsten Teenager der Neunzigerjahre heute zu betrachten. Als Mittdreißiger. Damals führte »Time Magazine« diese Liste noch nicht, aber allein die Berichte über Drogenhöllen, Entzugskliniken und versuchte Suizide von frühen Disneystars wie Britney Spears und Demi Lovato oder der Leidensweg des Fußballers Fredy Adu, in dem man als Fünfzehnjähriger den neuen Pelé sah, lässt angesichts des Erfolges in jungen Jahren doch ein wenig schaudern.

Und schuld am frühen Verglühen ist wer? Nein, nicht Disney. Wie überhaupt jeder Vater seine Meinung von Disney revidiert, wenn er sieht, wie großartig diese Menschen, die dort arbeiten, Geschichten erzählen können, die von einer zeitlosen Faszination sind. Bambi ist älter als meine Großmutter, und trotzdem hängen auch heute noch Kinder aus aller Welt vor der Geschichte. Nein, Disney ist genial, auch wenn es irgendwie Mode geworden ist, über Disney zu schimpfen. So wie über Starbucks. Es sind auch nicht die Teenager daran schuld. Sondern deren Eltern, die mit ihnen von Castingshow zu Castingshow tingeln, die sie zum Sport prügeln oder zum Klavierunterricht zwingen.

Meine Meinung: Etwas Antriebsarmut, bei Kindern wie bei Eltern, ist gar nicht so schlecht. Denn auf jede Steffi Graf, die es an die Spitze schafft, kommen tausend, die als emotionale Wracks rauchend am Straßenrand zurückbleiben. Oder einfach nur normal sind. Und dass Steffi Graf ihren Vater so offenbar unbeschadet überlebt hat, ist ein weiteres Indiz dafür, was für eine feine Person sie ist.

Doch vergessen wir nicht: Auch unsere Töchter haben ganz außerordentliche Fähigkeiten, von denen wir nur träumen können. Sie wachen im Auto just zu der Zeit auf, wenn die Roaming-Gebühren entfallen. Sie können mit perfekter Nonchalance den Schlafanzug zum »Day Dress« erklären und in ihm den gesamten Sonntag verbringen. Sie können YouTube-Videos, die »in Ihrem Land leider nicht verfügbar« sind, trotzdem sehen. Sie merken sich Passwörter wie »87asf423xf'«$$%»PJFiuwe« problemlos und erschnuppern frisch gebackenen Kuchen selbst aus dem geschlossenen Kinderzimmer heraus noch in seiner Entstehung. Sie erkennen Modelabels auf fünfzig Meter und täuschen oscar-preiswürdig tiefe Konzentration in die Hausaufgaben vor, wenn der Hund vor die Tür muss und es regnet.

Coole Dinge, die von Teenagern erfunden wurden

Eine kleine Motivationshilfe für unsere Kids auf dem Weg zu unermesslichem Geld, internationalem Ruhm und einem gemeißelten Eintrag in die Geschichtsbücher.

1. Superman: Jerry Siegel und Joe Shuster waren noch in der Highschool, als sie »Superman« erfanden und in einem Fanzine veröffentlichten. Seitdem tragen Superhelden auch eng anliegende Ganzkörperanzüge, was ja nicht gerade die ideale Kleidung für aufreibende Kämpfe ist, aber die beiden Jugendlichen ließen sich von Zishe Breitbart inspirieren, einem zu der Zeit berühmten Eisenbieger, der in hautenger Kleidung im Zirkus aufzutreten pflegte, um seine Muskeln Effekt heischend spielen zu lassen.

2. Hip-Hop: Die beiden Erfinder des Hip-Hops waren siebzehn und zwölf Jahre alt. Kool Herc alias Clive Campbell, in den späten 1970er-Jahren von Jamaika in die USA gekommen, und Grand Wizard Theodore erfanden die Scratch-Technik. Einmal nämlich, so will es die Legende, stürmte Theodores Mutter erbost den Übungsraum im Keller, und

der Zwölfjährige, streng genommen also noch nicht einmal im Teenager-Alter, versuchte, die Platte zu stoppen. Dabei entstanden erstmals jene vertrauten Laute, die zur Erfindung des Rap führten: Herbie Hancocks »Rock it«.

3. Der Colt: Ja, es ist eine Waffe, die Menschen tötet, aber was wäre ein vernünftiger Western ohne einen frisch vom Duell rauchenden Colt am Gürtel? Samuel Colt war eines dieser Kinder, mit dem niemand spielen wollte, also begann er schon früh, sich für andere Dinge zu interessieren, darunter Feuerwerk; angeblich fackelte er bei einem seiner Versuche beinahe die Schule ab. Er hatte bereits als Fünfzehnjähriger das Design für seinen Revolver in der Tasche, doch kein Waffenschmied nahm den Entwurf ernst. Nach vielen Umwegen traf er zufällig seinen Namensvetter Samuel Walker, ein hohes Tier der Texas Rangers, der sich überzeugen ließ und gleich tausend Stück orderte. Bis heute haben sich dreißig Millionen Colt-Feuerwaffen verkauft.

4. Das Schneemobil: Joseph Bombardier wurde 1907 in Quebec geboren. Sein spektakulärer Nachname half ihm nicht dabei, sich von den Schneemassen zu befreien, die seinen Heimatort regelmäßig lahmlegten. Als Fünfzehnjähriger schnappte er sich einen ausrangierten Ford T vom Onkel, ersetzte die Vorderreifen durch Kufen und bestückte die Hinterreifen mit Ketten. Und damit war im Jahr 1922 das erste Schneemobil geboren.

5. Die Blindenschrift: Louis Braille war drei Jahre alt, als sich seine Augen unheilbar entzündeten. Glücklicherweise lebte er in Frankreich, wo es die einzige Schule für blinde Kinder weltweit gab, die »Institution Royale des Jeunes Aveugles«. Er bekam mit zehn Jahren ein Stipendium, mit elf lernte er die »Nachtschrift« kennen, ein allzu kompliziertes System,

das vom Militär genutzt wurde. Mit fünfzehn Jahren erfand er 1824 die bis heute verwendete Brailleschrift, später sogar noch eine Notenschrift.

Die vier merkwürdigsten Pubertätsrituale

Wenn Ihre Kids mal wieder über ihr schweres Schicksal stöhnen, erzählen Sie ihnen von Ritualen, die andere Pubertierende rund um die Welt durchmachen müssen.

In Bali ist es Brauch, pubertierenden Jungen und Mädchen in einer Zeremonie namens »Mesangih« oder »Mepandes« die Spitzen der Eckzähne abzuschleifen. Man glaubt dort, in diesen Zähnen säßen alle schlechten Eigenschaften wie Geiz, Neid, Wut und Wollust. Die Zeremonie soll relativ schmerzlos sein.

Beim Stamm der Satere Mawe im Amazonasbecken müssen pubertierende Jungen einen Handschuh tragen, der mit Tropischen Riesenameisen gefüllt ist. Ihr Stich gilt als schmerzhaftester Insektenstich überhaupt – er soll dreißig Mal schmerzhafter sein als ein Wespenstich – und lässt erst nach einem vollen Tag nach, daher heißt die Ameise auf Deutsch auch Vierundzwanzig-Stunden-Ameise. Die Jugendlichen müssen den Handschuh zehn Minuten lang tragen und dürfen keinen Schmerz zeigen.

Im Osten Ghanas ist der Pubertätsritus besonders peinlich. Die Mädchen müssen nämlich sehr, sehr leicht bekleidet und mit geschorenem Kopf an einer Art Parade teilnehmen. Dann baden sie in einem Fluss und bekommen süße Sachen wie Zuckerrohrsirup zu essen. Der Sinn der fast nackten Parade: Von nun an sind sie Frauen, und niemand anders als ihr Ehemann sieht sie nach diesem Moment unbekleidet.

Der Pubertätsbrauch der männlichen Jugendlichen in Vanuatu ist wohl am bekanntesten: Männer müssen, mit dehnbaren Lianen an ihren Fußknöcheln, von etwa zwanzig bis dreißig Meter hohen Holzgerüsten springen und mit dem Kopf voran die Erde berühren. Nach diesem waghalsigen Bungeesprung sind sie erwachsen, zudem bringt die Bodenberührung Glück bei der nächsten Ernte der Yamswurzel.

Gibt es Rituale des Erwachsenwerdens in modernen westlichen Industriegesellschaften? Nicht viele jenseits der Religion (wie etwa die Konfirmation). Aber vielleicht gibt es sie ja doch, und wir übersehen sie nur: Ein Ethnologe würde sich wahrscheinlich in einem Dorf umschauen und die Jugendlichen jeden Abend beim Rauchen im Park antreffen. Wenn dies nicht heimlich geschieht – die übrigen Dorfbewohner also davon wissen –, dann kann man durchaus von einer Art Ritual sprechen, einer Initiation in die Welt der Erwachsenen.

Aber Rauchen kommt bei meinen Töchtern nicht in die Tüte!

Schlussworte

Von Ängsten und Abschieden

Du siehst nur noch Gefahren

Wer schwanger ist, sieht nur Schwangere. Heißt es, aber das kann ich natürlich nicht am eigenen Leib überprüfen. Ich weiß dafür eines: Wer Töchter hat, sieht überall Schlingel, Drogen und übel beleumundete Tanzlokale. Das fängt schon bei der Werbung an: War früher auch so viel männliche Nacktheit? Kann doch unmöglich sein. Verstohlen blicken wir unsere Töchter an. Nein, sie haben die Nase nicht vom iPhone emporgehoben. Doch was passiert dort? Werden sie gerade mit Nacktfotos erpresst oder von Cyberbullys anderweitig plattgemacht? Unsere Fäuste spannen sich an, und die Nachrichten, die nach der Werbung kommen, lassen unsere Stimmung nicht gerade aufhellen. Was ist das nur für eine Welt, in der wir und unsere Töchter leben?

Dann atmen wir durch und lassen uns nicht verrückt machen. Gehen wir die Sache einmal wissenschaftlich an und haken zunächst das Schlimmstmögliche ab. Noch im Jahr 1994 wurden 662 Menschen in Deutschland getötet, im Jahr 2017 waren es nur noch 405, trotz gestiegener Bevölkerungszahl. Wichtig dabei ist zu wissen, dass Morde fast immer im allerengsten Familienumfeld begangen werden, und weder meine Frau noch ich selbst haben diesbezüglich die geringsten Ambitionen. Das Risiko, sein Leben zu verlieren, ist also rapide gesunken.

Allerdings fühlen wir uns nicht mehr sicher, oder? Und das hat einen einfachen Grund: Die Zahl der Wohnungseinbrüche hat sich in den letzten Jahren vervielfacht. Wohnungseinbrüche sind, nüchtern betrachtet, nicht sonderlich dramatisch, sie bedrohen weder das eigene Leben, noch können sie die Existenz ruinieren. Ein paar Erbstücke, das Tablet und die Uhr weg – ärgerlich, aber verschmerzbar. Das Problem sind die psychologischen Auswirkungen: Wer ausgeraubt wurde, fühlt sich seitdem nicht mehr sicher, und das ist verständlich. Was nun aber unsere pubertierenden Kids betrifft, so können wir uns glücklich schätzen: Sie wachsen in der sichersten Umgebung auf, die es seit Jahrtausenden in Europa gegeben hat. Sie müssen sich weder vor schwedischen Söldnern noch vor marodierenden Nazi- oder Kommunistenhorden fürchten, sie mussten nicht angsterfüllt auf das Heulen der Sirenen warten, um sich in Luftschutzkeller zu flüchten – ein so grauenerregendes Geräusch, verknüpft mit so furchtbarer, existenzieller Angst, dass es meiner Großmutter eine Fehlgeburt bescherte und meine Mutter als Einzelkind aufwuchs. Klingt etwas melodramatisch? Sie können jetzt noch mit Menschen reden, die genau das in ihrer Kinder- und Teenager-Zeit zu erdulden hatten.

Ich habe dieses Kapitel übrigens nicht für Sie geschrieben. Sondern für mich. Denn ich habe immer noch eine verdammte Angst um meine Töchter, was auch immer die Statistiken mir sagen. Sie kennen das bestimmt.

Es ist ganz natürlich: Es muss Liebe sein.

Der Abschied

Sie werden bemerkt haben, dass dieses Buch von einer gehörigen Skepsis gegenüber psychologischen Ratschlägen durchzogen ist. Psychologen gehören zu dem Berufsstand, der selbst unter den stärksten psychologischen Problemen leidet. Damit ist für mich bereits vieles erklärt. Ein Arzt, der seine eigene Erkältung wochenlang nicht in den Griff bekommt, hat mein Zutrauen verloren, den grippalen Infekt meiner Kinder zu behandeln.

Von Sigmund Freud, der immer noch von vielen Experten des Gebiets geschätzt wird und von Richard David Precht gar zu einem der größten Denker der letzten zwei Jahrhunderte gekürt wurde, will ich gar nicht anfangen. Freuds Theorien, vom Ödipus-Komplex über den Penisneid, waren selbst eine einzige freudsche Fehlleistung und halten ernsthaften Untersuchungen nicht stand. Jedenfalls insofern, als das Feld der Psychologie und Psychoanalyse ernsthafte, belastbare Untersuchungen überhaupt zulässt. Und: Wenn man seinen Biografen glauben darf, war er ein hundsmiserabler Vater.

Jahaa, sagen nun die Freudianer, aber immerhin habe Freud die Psychoanalyse überhaupt erst erfunden, auch wenn er viele Fehler gemacht haben mag. Das nun aber ist genauso, als würden wir die Germanen zu den Erfindern der Astrophysik ernennen, weil sie sich vorstellten, wie ein großer Wolf am Himmel in nimmermüder Arbeit den Mond allmählich verschlingt und ihn nach und nach wieder auswürgt.

Und noch ein Wort zur Traumdeutung, dem nun wirklich größten Humbug. Früher gab es Traumdeutungsbücher aus seriösen Verlagen, heute gibt es die Bücher immer noch, aber sie sind nicht mehr ganz vorn im Verlagsportfolio. Italiener sind das abergläubischste Volk der Welt, denn in den Lottoannahmestellen hängen Plakate von Traumsymbolen, in Zahlen übersetzt. Wer von Ferkeln träumt, soll auf die 4 setzen, wer im Schlaf einen Schornsteinfeger sieht, macht bei der 12 ein Kreuz, und wer vom Tod oder einem anderen Unglück träumt, muss die 17 beachten (in Italien gilt die 17 als Unglückszahl, nicht die 13. Hotels haben kein 17. Zimmer, Hochhäuser keinen 17. Stock, Fluglinien keine Reihe 17. Der Grund: Die lateinische Schreibweise XVII ergibt bei der Umstellung VIXI, »ich habe gelebt« – also: »Ich bin gestorben«). Aber insgesamt sind wir uns doch alle hoffentlich einig, dass das Blödsinn ist.

Just, als ich ein Kapitel über den Auszug der Teenager aus dem Elternhaus schreiben will – denn tatsächlich kann es vorkommen, dass Kinder mit siebzehn, achtzehn Jahren das Haus verlassen, um als Auszubildende oder Studierende ein neues Leben in einer anderen Stadt anzufangen –, bin ich mit meiner jüngsten Tochter in jener Almhütte in Kärnten, die durch unseren fortgesetzten Holzdiebstahl innerfamiliär einen gewissen Ruhm erlangt hat. Sie fährt Ski, ich schaue ihr dabei zu und kümmere mich um Luna, den Hund; Sie wissen schon. Die andere Hälfte der Familie kommt wegen eines wichtigen Volleyballmatches zwei Tage später nach.

Und den ganzen Tag bis in den Abend denke ich also darüber nach, etwas Kluges zum Verlassen des Elternhauses zu verfassen. Ich komme aber bald zu dem Schluss, dass ich ehrlicherweise überhaupt nichts dazu sagen kann, da es erstens bei uns noch lange nicht so weit ist (toi, toi, toi), und zweitens hocken ja italienische Familien viel stärker und länger aufeinander. Das ist, erklären uns deutsche Medien immer wieder, natürlich nicht so gewollt und nur ein besonders ausgeprägtes Merkmal der italienischen Dauerkrise. Ist es nicht, denn auch in wirtschaftlichen Boomzeiten lebten überdurchschnittlich viele Dreißigjährige noch bei ihren Eltern. Es hat eher mit dem nicht existierenden italienischen Mietmarkt zu tun. Man zieht erst dann aus, wenn man sich ein Eigenheim leisten kann. Außerdem führt dieser Mobilitätsmangel dazu, dass die Wirtschaft nicht so geschmeidig funktioniert wie in anderen Ländern, weil ein potenziell talentierter Ingenieur, statt in der Fremde zu studieren und bei einem Autozulieferer im Schwäbischen bei der Fertigungsprozessoptimierung unglücklich wohlhabend zu werden, lieber Papas Fahrradreparaturwerkstatt im Ort übernimmt.

Also wollte ich das Kapitel ganz streichen, ging aber noch mit unfertigen Gedanken ins Bett. Weil die erste Nacht in einer Berghütte mit all diesen komischen Geräuschen für eine Dreizehnjährige immer ein bisschen unheimlich ist, schliefen wir gemeinsam im großen Schlafzimmerbett. Ich dachte darüber nach, wie es wohl wäre, wenn diese Dreizehnjährige neben mir, deren Atmung längst in ein gleichmäßiges leichtes Schnarchen übergegangen war, eines Tages ihre Sachen packen und in eine fremde Stadt ziehen würde, in eine neue Wohnung, in ein neues Leben.

Drei Mal in dieser Nacht träumte ich davon, sie würde aus dem Bett fallen und so unglücklich aufschlagen, dass sie sich ernste Verletzungen zuzog. Und ich warf mich jedes Mal auf ihre Seite, um sie, von der heftigen Eigenbewegung wach werdend, an mich heranzuziehen, und es dauerte eine Weile, bis mir klar wurde, dass ja alles gut war, ich nur geträumt hatte und sie friedlich neben mir lag. Sie wurde kurz wach, stöhnte jedes Mal genervt und schlief, wie es nur Menschen unter achtzehn können, gleich wieder ein.

Was würde nun Sigmund Freud dazu sagen? Er würde an

einer seiner zwanzig Zigarren nuckeln, die er pro Tag weg-
rauchte, die Brille mit dem dicken Rahmen zurechtrücken, die
Beine in der Hose aus Manchester Cord übereinanderschlagen
und kurz nachdenklich gen Zimmerdecke schauen, wie es nur
Jahrtausendgenies so gekonnt tun. Und dann würde er in seinem im Studium angeeigneten Wiener Dialekt murmeln: »Sie
haben Angst, loszulassen.«

Freud, du Mistkerl: Eins zu null für dich.

Wenn gar nichts mehr hilft:
Trösten Sie sich

Okay, ich verstehe. Sie haben es schwer. Ihr Teenie macht, was
er will, und Ihnen fallen vor Sorge und Ärger die Haare aus.
Selbst dieses Buch war bislang nur ein schwacher Trost, und
alle Ratschläge, ob von Experten oder von mir, verpuffen.

Aber führen Sie sich bitte eine Tatsache immer wieder vor
Augen: Es hätte alles noch viel schlimmer kommen können.
Noch vor hundert Jahren sind Kinder und Jugendliche einfach
gestorben. Und es war eine Tragödie, von der man sich als Mutter oder Vater nie wieder so ganz erholte. Der großartige Mark
Twain stammte aus einer stinkreichen Familie und hatte zwar
immer wieder Geldprobleme, weil er, wie so viele Kreative,
nicht besonders gut im Buchhalten war, konnte sich aber ausge-
dehnte Europareisen leisten und verdiente schließlich sein Geld
nicht nur als Bestsellerautor, sondern auch als Privatsekretär
seines Bruders, der ein ganz hohes Tier in der Politik war. Er
hatte Zugang zu den besten Ärzten seiner Zeit, und doch starb
ihm seine Familie praktisch unter den Händen weg. Drei seiner
vier Kinder starben vor ihm, alle an Krankheiten, die man heu-

te mit ein paar Pillen für zwei Euro fünfzig nach drei Tagen in den Griff bekommen hätte. Selbst Menschen, die noch vor wenigen Generationen die besten Kontakte zu den klügsten Köpfen ihrer Zeit hatten, konnten nicht verhindern, dass ihre Liebsten an den idiotischsten Nichtigkeiten elendig zugrunde gingen. Und von gigantischen Katastrophen wie Kriegen, Flucht und Bombardements will ich gar nicht reden. Sie und ich, wir sollten es uns gerade an den härtesten Tagen vor Augen führen: Es geht uns verdammt gut. Besser als irgendeiner Generation vor uns.

Womit uns unser Chaot tatsächlich glücklich macht

Zunächst einmal sind wir Väter keineswegs überflüssig und können daraus ein gewisses Selbstwertgefühl ableiten. Als Geldautomat, Chauffeur und Sherpa sind wir mitunter sogar unentbehrlich. Wir müssen die Marmeladengläser öffnen, für den Skipass anstehen, den Rasen mähen und kalte Töchterhände wärmen (aber nur kurz. Und wenn es niemand sieht). Und in meinem speziellen Fall sind es ja auch noch die Bratkartoffeln.

Es gibt aber auch so viele Dinge, mit denen uns unser Chaot glücklich macht, etwa wenn er sich freut, vorne zu sitzen, und dann fragt, den Schalthebel zu bedienen. Wenn er Ihnen die warme Bettdecke klaut, weil ihm kalt ist, wenn er noch eine Runde Karten mit Ihnen spielen will und wenn er Ihnen uneingeschränkt zutraut, die Probleme mit den Noten in einem kurzen, kumpelhaften Gespräch mit dem Mathelehrer zu lösen – oder wenn ihm eine gute Schulnote nicht peinlich ist.

Am schönsten ist es aber, wenn unser Teenie gedankenverloren unsere Hand nimmt, dann den Irrtum dieser reflexähnlichen Handlung bemerkt und trotzdem nicht sofort loslässt. Sondern frühestens dann, wenn jemand Bekanntes um die Ecke kommt.

Ein kleines Finale

Ganz wichtig: Bleiben Sie entspannt. Dieser geheimnisvolle Zustand namens Pubertät ist manchmal über alle Maßen aufgebläht. Denn manchmal ist ein Streit einfach nur ein Streit. Manchmal hat Ihre Tochter nur einen schlechten Tag, Ihr Sohn nicht gut geschlafen, und manchmal ist es vielleicht auch (kaum zu glauben, ich weiß) Ihre Schuld.

Es bleibt Ihnen nichts anderes übrig: Gehen Sie es beschwingt und heiter an. Lieben Sie Ihren Teenie-Chaoten, egal was passiert. Interessieren Sie sich für die Dinge, die er gut findet, auch wenn es schwerfällt. Teilen Sie seinen Enthusiasmus, auch für merkwürdige Dinge, ohne sich anzubiedern. Ein bisschen reicht. Fließen Sie über vor Liebe, aber wenn Ihnen etwas nicht passt, sagen Sie es auch. Denken Sie an das italienische Clan-Prinzip, und sorgen Sie am Abend für eine lange Tafel im Restaurant.

Diskutieren Sie nicht alles aus, das nervt doch bloß. Erschaffen Sie Rituale. Und bestehen Sie auf den Gutenachtkuss.

Wenn Sie das Buch am Abend lesen: Bestehen Sie auf den Kuss genau jetzt, in diesem Moment.

Gute Nacht.

Anhang

Nützliche Bücher, Adressen und Webseiten

Juul, Jesper: *4 Werte, die Eltern & Jugendliche durch die Pubertät tragen*, Gräfe und Unzer

Stamer-Brand, Petra/Murphy-Witt, Monika: *Das kleine Erziehungs-ABC*, Gräfe und Unzer

Rogge, Jan-Uwe: *Pubertät – Loslassen und Haltgeben*, Rowohlt

Arp, Claudia/Arp, David: *Und plötzlich sind sie 13 – Die Kunst, einen Kaktus zu umarmen*, Brunnen

Kahlweit, Catrin/Deffner, George: *Pubertäter – wenn Kinder schwierig und Eltern unerträglich werden*, Piper

Braun, Joachim/Khaschei, Kirsten: *Mädchen in der Pubertät – Wie Töchter erwachsen werden*, Rowohlt

Jensen, Frances E./Nutt, Amy Ellis: *Teenagerhirn – Was in der Pubertät im Kopf Ihres Kindes los ist*, Goldmann

Largo, Remo/Czernin, Monika: *Jugendjahre. Kinder durch die Pubertät begleiten*, Piper

Köhle, Anne-Bärbel/Rieß, Stefan: *Das Dalai-Lama-Prinzip für Eltern, Erziehen mit Liebe und Respekt*, Goldmann

GEO Kompakt: *Pubertät – Chaos! Krisen! Chancen!*

Spiegel Wissen: *Die Pubertät*

Eigenhändig getestet:

Gute Urlaubsziele für die Familie
mit pubertierenden Töchtern

Ich arbeite seit zwanzig Jahren als Reisejournalist, und es wäre doch eine große Dummheit, wenn ich nicht einiges von dem von mir erworbenen Wissen weitergeben würde.

Hier kommen meine (irre subjektiven, aber eigenhändig mehrfach getesteten) Tipps für den sehr angenehmen Urlaub mit Pubertierenden.

Burghotel Hardenberg am Harzrand bei Göttingen, www.der-hardenberg.com. Vor allem für Pferdenärrinnen interessant. Siehe auch Kapitel »Curb your enthusiasm«.

Gut Ising, Chiemsee, Bayern, www.gut-ising.de. Pferde, Hunde, Pools, viel Sport und auch ein Wellnessbereich, in dem Kinder willkommen sind

Gut Weissenhof, Salzburger Land, www.weissenhof.at. Inmitten eines Pferdegestüts, spezielle Programme auch für Teenies, allerlei Sport, aber auch Lagerfeuerabende und, ähem, Pokerturniere.

Falkensteiner Zadar, Dalmatien, www.falkensteiner.com. Drei Hotels und ein Apartmenthotel auf einer Landzunge, die in die Adria ragt. Die Teens vergnügen sich beim Parasailing. Siehe auch Kapitel »Curb your enthusiasm«.

Grado, Adria, Italien, www.grado.info. Hier wohne ich. Hier kenne ich mich aus. Es ist eine Insel mit sieben Kilometer Sandstrand. Ich habe mich als Pubertierender hier sehr wohlgefühlt, und meine pubertierende Schwester auch.

MarePineta Resort, www.marepinetaresort.com, Hotel in Milano Marittima mit riesigem Pool und eigenem Beach Club. Hier ist die Adria noch ganz Adria.

Tenuta L'Andana, www.andana.it. Siehe auch Kapitel »Hoffnung im Kräutergarten«.

Masseria Torre Coccaro, Apulien, www.masseriatorrecoccaro.com. Bei Katja und Vittorio ist das gute Leben daheim. Im Beach Club wird auch der gelangweilteste Teenager seine Langeweile genießen.

La Manga, Spanien, www.lamangaclub.com. Ein gewaltiges Resort, das wirklich alles bietet, nicht nur drei Golfplätze (ich musste das einfach erwähnen), sondern auch 28 (!) Tennisplätze und eigene Triathlon-Trails. Falls Ihre Töchter sportlich sind. Falls nicht: Die Zahl der Außenpools ist nicht zu zählen.

Kochbücher für den nützlichen Papi
(siehe Abschnitt »Am Esstisch«)

Mangolf, Matthias F.: *Das Prinzip Kochen,* Gräfe und Unzer

Mallet, Jean-Francois: *Simplissime – Das einfachste Kochbuch der Welt,* Edition Michael Fischer

Ferriss, Timothy: *Der 4-Stunden-Chef,* Gabal

Adressen und Internetlinks

Familylab International
Deutschland: Amalienstraße 71, 80799 München, Tel. 089/21 94 99 71, www.familylab.de
Österreich: Neuwaldegger Straße 35, 1170 Wien, Tel. 0043-650-993 39 61, www.familylab.at

Schweiz: Lindenhofrain 6, 8798 Männedorf, Tel. 0041-78-788 38 79,
   www.familylab.ch
www.bke-elternberatung.de
www.bzga.de/service/beratungsstellen.de
www.loveline.de
www.profamilia.de
www.mobbingforschung.de
www.ins-netz-gehen.de
www.drugcom.de
www.klicksafe.de
www.elterntelefon.org

Mehr Einblicke in die italienische Familie gibt es bei
www.postausitalien.com
oder bei Instagram:
@stefan_maiwald